不思議なくらい
部屋が片づく
魔法の言葉

はじめに

「片づけをやろうと思っても、やる気が出ない」
「重い腰が上がらず、つい先延ばしにしてしまう」
「せっかく片づけても、すぐリバウンドしちゃう」

あなたがそんな思いをお持ちなら、きっと本書はお役に立てると思います。

今、世の中は収納や掃除などの「やり方」の情報で溢《あふ》れています。
でも、片づけで悩まれている方の多くは「やり方」を知っても「やる気」が出なくて行動できないようなのです。じゃあ「やる気」が出ない原因って、一体なんだと思いますか。

それはズバリ！　「脳」や「心」が片づけすることを拒《こば》んでいるから‼　なんです。
あなたの性格が怠け者だからとか、だらしない人間だからとか、そういうことじゃない

んです（↑ここ、とても大事なポイントです）。

当たり前のことですが、私達の行動は全て脳（思考）が司《つかさど》っています。

なので、脳と心が全力で「片づけしたくないーーー!!」と踏ん張っている状態では、私達は永遠にやる気が出ず、思い腰を上げることもできません。

例えば、「収納のやり方がわからなくてできない！」というだけなら、ノウハウを学べばすぐにできるようになります。これは、本やネットなどでも色んな方法が紹介されています。

でも、「今やるのは嫌だ！　スマホを見ている方が楽だ！　だからやりたくない！」と脳が拒んでいるとしたら、脳を拒まない状態にしないと動けません。

そして、「片づけが苦手な私だから、どうせやってもうまくいかないだろう」と重い気持ちになっているとしたら、心が拒まない状態にすることで、初めて軽く動けるようになるんです。

つまり、あなたが「自分の脳と心の仕組み」を理解して、それらに拒まれない方法を実践していくことで、嘘《うそ》みたいに楽に、簡単に、片づけを進めることができます。

私は「癒《いや》しのお片づけ」という片づけの講座を10年近く主宰し、心理カウンセラーとして、4000人以上の方のお悩みにお答えしてきました。

でも私自身、元々は片づけがすごく苦手で、足の踏み場のない汚部屋で生活をしていました。

収納方法や掃除の仕方などを学んで頑張っても、ちっともうまくいきませんでした。

そんな私が、自分の脳や心の仕組みを紐解《ひもと》き、それらに拒まれない考え方や方法を実践していくうちに、どんどん部屋が変わっていきました。

片づけをやらなきゃと思っているのに、片づけと向き合うのがしんどいあなた。

片づけができない自分にダメ出しをするのはやめて、まずあなたの脳や心の仕組みに注目してみてください。

「難しそうだけど、それ私にできるの？」と思った方、どうか安心してくださいね。

片づけに向き合おうとすると、自分の中の劣等感や、これまで抱えてきた（片づけに関する）心の傷に触れてしまうから、それが嫌で、無意識に逃げてしまう人も多いのですが、本書では、そんな方も片づけに無理なく向き合えるように、「魔法の言葉」をお伝えしていきます。

私達の脳や心は、頭の中でつぶやく言葉に大きな影響を受けているので、今日から「魔法の言葉」を繰り返しつぶやいていくことで、心がどんどん緩《ゆる》み、脳もうっかり騙《だま》されて、スルッ♪　と行動できるようになっていきますよ。

最初からきっちり読まなくても大丈夫。

気になるところを読み進めながら、中途半端でもいいので、気軽に始めてみてください。

心が緩んで、脳の仕組みが変われば、片づけだけじゃなく自分に自信が持てて、人生も激変しちゃうんです!!　私も人間関係も家族関係も仕事もお金も、人生全てが変わりました!!

あなたもこれから訪れる、とっておきの未来をぜひ楽しみにしておいてくださいね！

不思議なくらい部屋が片づく魔法の言葉　目次

2章 きれいな部屋を保つための魔法の言葉

3章 軽く動けるようになる魔法の言葉

カバーデザイン／山家由希
マンガ・イラスト／ひえじまゆりこ
DTP・本文デザイン／美創
企画・編集／木田明理

1章

苦手な片づけと向き合うための魔法の言葉

こんにちは！
「片づけ心理カウンセラー」の
おむら ちもです。
あなたは片づけが苦手な自分のこと
「ダメだなぁ」
なんて思っていませんか？
母親として相応しくない
女性として価値がない
人間失格
今は「多様化の時代」と言われて
例えば
私は逆上がりができたことがないですが
非難されたことはないです
昔より個性が認められているのに……
片づけに関しては
ペタ
できて当然
ペタッ
女性ならやって当たり前
と思われることが多いです。
これっておかしいと思いませんか？

安心してください。
片づけが苦手でも
片づけが苦手でも
人として すばらしい方は
沢山います！
片づけ苦手
片づけできる
価値
あなたの
人としての価値は
1ミリも
下がったり
しません！
私は小さい頃から
大人になるまで
片づけが
できたことが
ありませんでした。
ぐちゃっ
自宅の机
教科書やドリルをよく失くす
母も片づけが苦手で
家の中は
いつもぐちゃぐちゃ。
外で落とすより
汚いな……

割ときれい好きだった父は
またゴミたまっとるー捨てるぞー
私が高1の時に癌で他界。
落ち込んだ母は
彼氏を作って毎日遊びに行くようになりました。
なんでお母さんは
✕料理
✕掃除
なんもしないん!?
家がコインランドリーだから、洗濯は大丈夫だけど
そして2人の兄のうち1人はひきこもり
しかも母は買い物依存症でモノは増える
いや……
お母さんにも色々事情があるから
仕方ないよね……
でも、私は……
むかつくから家《ここ》で家事してやるもんか……!!
だらしなくていい加減なお母さんみたいになりたくない!

しかし
きれいな部屋に憧れて
大学卒業後はハウスメーカーに就職。その後、インテリアコーディネーターに。
こちらのキッチンオススメですよ
ザ・汚部屋
お客様のお家はおしゃれにできても……
大人になるまで自分の部屋なくて
片づけしなくても困んなかったからなー
カサカサ
自分の部屋は片づけられない!!

その後
結婚して
実家を離れ
いい奥さんに
なりたい！
専業主婦に！
2人の子どもを
授かり
かわいい
息子たち
いいママに
なりたい！
ごちゃっ
お母さんみたいに
なってるやん

私はなんとか変わりたくて
牛乳パック収納に挑戦してみたり
収納術
収納や掃除の方法を学んで
白で統一された収納グッズ
何度かチャレンジしました。
掃除グッズ
数日後
収納グッズ
空っぽ
中身全部でてるやん
あのさ……
掃除機って毎日かけるもんちゃうの?
主婦なんやから片づけするの当たり前やろ。
ホコリ→
嫌い

ぶわっ
片づけできなくて何が悪いの！
私だって頑張ってるんやから！
ボロボロ
うっうっ
片づけできなくても死なへんやん！
片づけできなくても私にもいいところ色々あるもん！
……
うん……
ずずっ
私にもいいところはある！

片づけが苦手でズボラな私でも
毎日実験したらおばあちゃんになるまでにはできるかも……!
うまくいく方法がないか
考えてみることにしました。
そもそも
片づけしたくない
って思っちゃうのなんでだろう?
片づけの技術より
もっと根っこに
大切なものがある気がする……
う〜ん
片づけできなくても私にもいいところ色々あるもん!
……
あの時
自分を認めてあげたら
ちょっとスッキリして
やってみようって思えた……

そっか・・・
大切なのは
自分の
心だ……!
それから
心理カウンセラーの
勉強もして
徐々に
自分の心の
仕組みが
わかってきて
いつの間にか
片づけができて
理想の部屋に
住めるように
なりました。

我が家はたくさんのインテリア雑誌に紹介され
心や思考からアプローチする私の片づけ方法は話題となり
今は
「癒しのお片づけ講座」
と題して教えるまでに。
片づけがうまくできない方は……
心や脳のベースが整っていなくて
自分に自信がない
いつも自分にダメ出し
片づけに
小さい頃から片づけができたことがない
どうせ無理
うまく向き合えなかっただけなんです。
先のばし癖が強い
やりたくない…
心理学のアプローチと
脳科学の仕組みを使って
頑張らずに続けられる
全く新しい片づけの方法を
本書でお伝えします！

捨てられないあなたは優しい人

魔法の言葉

「今まで自分を責めてごめんね」

「物がなかなか捨てられないんです！」というお悩みをよく聞きます。あなたはどうですか？

私は片づけが苦手で悩まれているたくさんの方と接しているうちに、多くの方に共通点があることに気づきました。それは何かというと、とても優しくて素直な方だということです。

心理学では、行動したいのに行動できないことには心理ブロックが存在していると考え

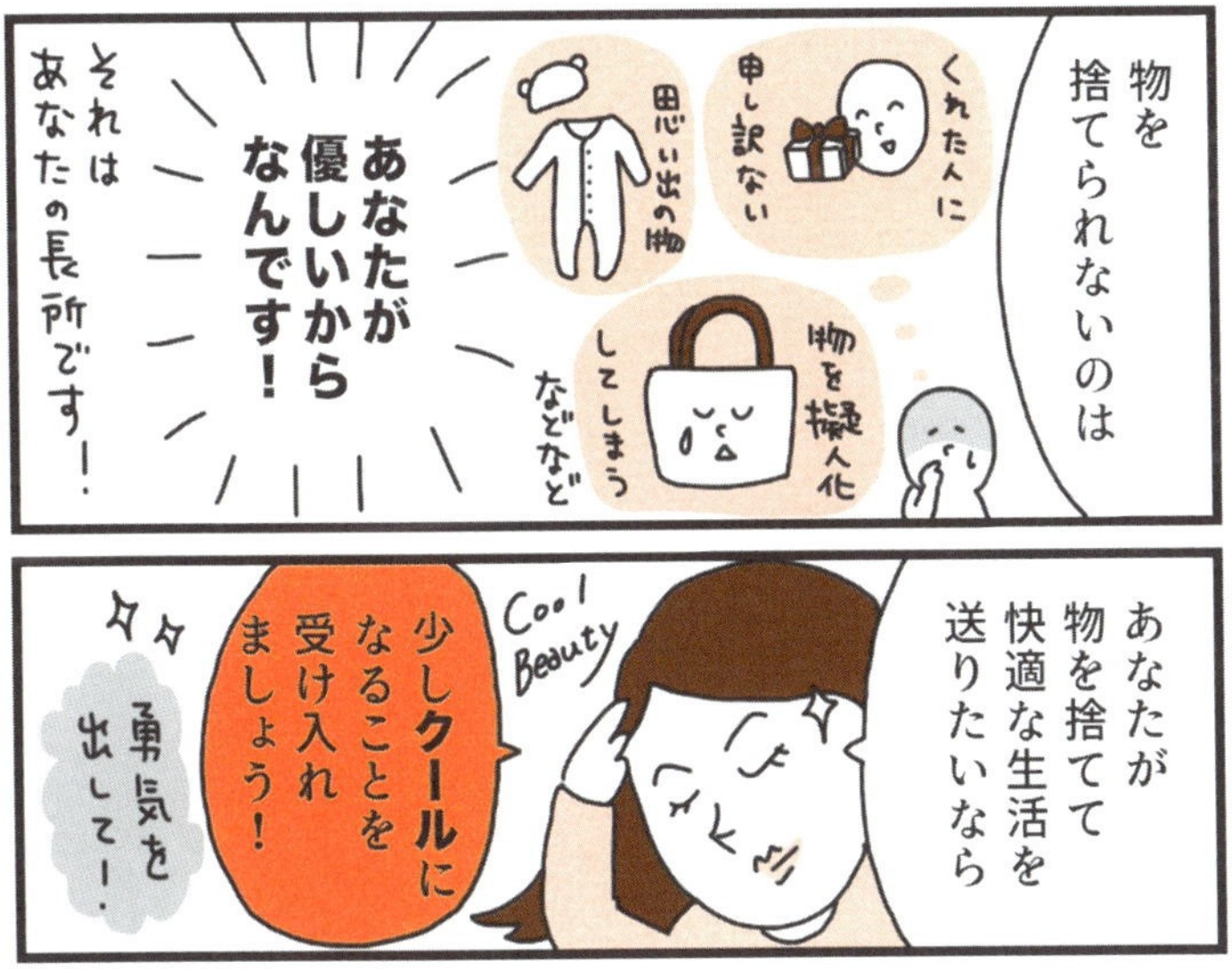

ます。捨てるのが苦手なたくさんの方の、捨てられない理由を心理カウンセリングで紐解いていくと、潜在意識の中で、その方の長所でもある優しい思いが心理ブロックになっていて、捨てたいと思っているのに、捨ててはダメ！　とブレーキをかけていることがわかります。

わかりやすく言うと、どんどん捨てられる人は、物にも物事にも人間関係にも、白黒つけるのが得意ではっきりした性格の人が多いのですが、捨てるのが苦手な人は、何かを切り捨てることに強い罪悪感を持ったり、相手の気持ちに配慮するために決断が苦しくなるから、曖昧《あいまい》で優柔不断になったりするんですよね。

自分の長所にはなかなか気づけないものなので、その優しい性格の裏側にある、優柔不断で捨てられない部分をすごく責めていらっしゃったりするんですよね。

そう聞いても、なんだかピンとこない方も多いと思うので、ここでは、ご自身の仕組みに気づいてもらうために、「捨てられない優しい理由」をいくつかご紹介していきましょう。

①お母さんにもったいないと言われたから捨てられない

小さい頃からお母さんに「物を簡単に捨てるのはもったいないからダメ!」と教えられてきた人。「お母さんの言うことはどんな状況でも守らなきゃ!」と思ってこられた方は、きっと素直で優しい面をお持ちなのだろうなぁと思います。

②もらった相手に申し訳ないから捨てられない

人からのもらい物、「必要ないなぁ」と思っても、くれた相手のことを思い浮かべると申し訳なくて捨てられない。そんな思いをお持ちの方も多いです。くれた相手は案外、あげたことさえ忘れているかもしれませんよ。

③思い出の物だから捨てられない

人との思い出を大切に感じる人は、とても情に厚い優しい人です。部屋を圧迫している状態ならば、手放すことも必要かもしれませんが、スペースに余裕があるのなら、無理に手放さなくてもいいのかもしれません。捨てる難易度が高いジャンルなので、まず、他の物からやるのがおすすめ。思い出の物はラスボスです（笑）。

④地球のことを考えて捨てられない

「地球の未来のためにゴミを捨ててはいけない！」と思っている方も多いです。中にはゴミを捨てる行為の全てが、地球に申し訳ないという罪悪感でいっぱいになる方もいらっしゃいます。でも、今の消費社会の仕組みの中で普通に暮らしていると、ゴミを出さないという生活は難しい現状がありますよ。不要な物は手に入れないように配慮しながら、必要ない物は自分にしっかり許可を出して、手放していきましょう。

⑤物を擬人化して捨てられない

「私のところに来なかったらもっと大事にしてもらえたのに」「ちゃんと使ってあげられなくてごめんね」「いっぱい役立ってくれたのに捨てるなんて可哀想《かわいそう》」そんな風に物に対して人格があるかのように扱う癖のある方も多いんです。「あなたはどんだけ優しい人なの⁉」と、私はハグをしたくなるんですが（笑）、あなたにとって当たり前のそれ、超優しい性格の表れなんですよ。

とっても素敵な気質だと思うんですが、たくさんの物とそんな風に「情」を結んでいると、捨てる時は友達と別れるような断腸の思いになりますよね。物と心の距離感が近すぎると、捨てるのがどんどん苦しくなってしまいます。

捨てるのが得意な人は、そんな風に多くの物と情を交わしたりしないんですよ。知っていましたか？　それがあなたの優しさなんです。

物を捨てられない方の優しい特徴、思い当たるところはありましたか。

優しさはあなたの長所です。そんな長所ゆえに、他の人よりちょっと物が捨てられない部分があるんですよね。

だから、物が捨てられない自分に頭ごなしにダメ出ししないであげてください。

今まで捨てられない自分を「ダメな人！」と責めてきた方は、ぜひ今から伝える言葉を自分にかけてあげてください。

「今まで責めてごめんね」

言えましたか？　少し心がふわっと軽くなりませんか？

頭の中のもう一人の自分が、いつもカタキのように責めていたら、捨てることに向き合うことが、ますます怖くなっちゃいますよね。

あなたの優しさは、今まで色んな場面で、人を癒すことができたり、あなたの強い武器にもなってきたりしたはずなんです。その優しい長所はそのまま持ち続けてください。その上であなたが、自分らしい快適な生活を送りたいと心から望むのならば、少しだけクールになることも受け入れていきましょう。

あなたが、相手の気持ちや、相手のことばかり優先してきたのなら、少し頑張って、自分が快適に過ごすための決断が必要になります。片づけ以外にも、優しすぎるがゆえに大変な思いをされている方もいらっしゃると思います。

嫌な人になるのではなく、自分のことを優先するバランスをとっていくと、片づけだけじゃなく人間関係や色んなことも変わってきますよ。

2 完璧主義の人の部屋ほど散らかっている不思議

魔法の言葉

「私、完璧主義だったのか〜！」

多くの片づけが苦手な方に共通する「思考の癖」があります。それは何かというと「完璧主義」なんです。

これを聞くと最初は、いまいちピンとこないなと思われる方が多いようです。「だって、完璧には程遠い部屋だし……」「きちんとできない性格だから、部屋が片づかなくて困っているのに……」そんな声が聞こえてきそうですが（笑）。

そもそも、「完璧主義」とは「完璧にできる人」を指す言葉じゃないんです。完璧に憧れている人の「主義」なので、今の自分の現状がどうであれ「理想」や「思い」みたいなものを指すんですよね。

あなたは、片づけをする時に「ここまではやりたいな」といつも高めの目標設定をしていませんか。結構時間がかかったり、体力が必要だったり、簡単にはできないような目標を設定し、疲れてしまっていませんか。

頑張らないとできないレベルの目標なのに、できたとしても「当たり前」。できなかったとしたら「あーあ、ダメだったね」なんて自分へダメ出し。そんなことやっていませんか？　実は、それが「完璧主義」なんです。そして、終わった後も「結局、あれもできなかった。これも中途半端」なんて、自分をいじめ続ける。

心当たりのある方は、自分の気持ちになってみてください。苦手な片づけを自分なりに一所懸命頑張ったのに、そんな言葉をかけられたら、可哀想だと思いませんか。


かくいう私も、実はそうでした。昔の私の部屋は、あちこち物が溢れ、そこらじゅう埃《ほこり》だらけ。そんな部屋に住む私は、自分のことを「完璧主義」だなんて、夢にも思っていませんでした。むしろ、その真逆の「ルーズ主義」っていうのがあったとしたら、「私、それです！」なんて、当時の私は言うに違いないと思います（笑）。でも、誰かが家に来る！となると、途端に焦って、目の色が変わります。それは「やる気」の目じゃなくて、「厳しいチェック」の目です。

「あそこはまだできてない！」「こんなんじゃ、見られたら恥ずかしい！」なんて、必死になります。そして、ここまでできたらいいかな、という最初の目標を達成しそうになったら「もう少しやれるでしょ、ここまでやったら!?」と、ポーン！　と目標を跳ね上げます。そうこうしている間に、タイムリミット。だから、目標を達成した！　と思ったことはなく、終わった後は、できなかったという虚《むな》しさと大きな疲労感に襲われていました。

頑張っても達成感を味わうこともなく、「完璧」に程遠い部屋をなんとか少しでも「完璧」に近づけようとして、自分のお尻を腫れるほど叩《たた》いていたら、片づけが嫌いになるわけですよね。

「完璧」を目指すと、片づけは、永遠に終わりがない、苦しい戦いになります。眉間にシワを寄せて、自分と戦いながらやる片づけなんてやりたくなるはずがありませんよね。

心当たりがある方は、この言葉を口に出してみてください。

「私、完璧主義だったのか〜！」

そうらしいです。驚きましたよね。自覚するのが大事です（笑）。

あなたも今日で、戦いを終わりにしませんか。この思考の癖を持っている人は、片づけ以外でも様々なところで「完璧主義」が発動しているかもしれません。ちゃんと完璧にしたいと思うと、時間も労力もかかりそうだし、大変そうだから、今日はやめておこうと「先延ばし癖」も誘発してしまいます。「完璧主義」を緩めて、軽く楽に行動できる人になっていきましょう。完璧主義を緩める秘訣《ひけつ》は2章で詳しくお伝えしていきますね。

3 自分の機嫌は自分でとる

魔法の言葉

『やらなきゃ！』より
『気持ちいいからやろう！』

あなたは「片づけしなきゃ！」とよく頭の中でつぶやいていませんか。

片づけが苦手な方の多くは、常に自分に「片づけしなきゃ！」という言葉をかけられています。無意識レベルで毎日、何度も何度もかけている方もいらっしゃいます。

実は、それがうまくいかない原因なのです。「だって、片づけなきゃいけない状態なんだから、当たり前でしょ!!」と思われるかもしれませんね。

ちょっと聞いてください。

人は言葉を使って「思考」をしていて、毎日自分にたくさんの言葉をかけています。その言葉によって、人は行動を選び、実行するかしないかを決めていきます。

そして、「しなきゃ」「やらなきゃ」という言葉は、嫌なことを強制的にやらせようとする意味合いの言葉なんですよね。実はそれは「心」にとても負担をかける言葉なんです。

あなたも誰かに何かを「やらなきゃいけないでしょ！」と言われて、やる気がなくなった経験はありませんか？

以前、私も中学に入ったばかりの息子に予定を聞いては「勉強しなさい！」「テストがあるからやらないといけないでしょ！」なんてよく言っていました。そうすると息子がその言葉に強く反発して「今やろうと思ってたのに！　やる気がなくなった！」なんて怒り出すことがよくありました。それで、この言葉は逆効果なんだと気づいたのです（ちなみに息子は大学に入った今も、その時のトラウマで、予定を聞かれるのだけはイラッとするらしいです。言葉のパワーすごいですね。はは）。

自分に対する言葉がけも同じなんです。

毎日当たり前にかけている「片づけしなきゃいけない！」という言葉に、心の奥にいるもう一人の自分が「なんかやる気がなくなった！」なんてすねていたり、「もうその言葉聞きたくない！　放っておいてよ！」って言いたくなってたりするのかもしれませんよ。

そして今、「心の奥にいるもう一人の自分」と書きましたが、それは心理学では「潜在意識（無意識）」といったりもします。

潜在意識（もう一人の自分）がやりたくない！　と踏ん張っていたら、顕在《けんざい》意識（有意識）の自分が「やりたい」と思っていても、行動できないんです。いくら、片づけのやり方を学んでも、収納の方法を学んでも、潜在意識がそれを使えるような状態になっていないと実行できないんですよね。

片づけや収納の方法を学ぶ前に、自分の心を行動できるような状態に持っていくことが重要です。

私が関わらせていただいた生徒さんの声の一部です。

「今までは、あ〜片づけなきゃ！」と思っているのに、できなかったのですが、今は思考が少し変わり、軽い気持ちになると同時に、どんどん部屋が片づいていきました。

お片づけのノウハウは本や資格で勉強していましたが、心理面もここまで深く関係していて大事なんだと気づきました。（J・Oさん）

部屋を見ては、「あぁ、今日もゴチャゴチャしている。あれもこれもできなかった。私はなんてダメなんだろう」と苦しい気持ちでした。

今までの自分の考え方がすごく偏っていたこと、そして色んな思い込みが自分を追い詰めていたことがわかってきて、苦しくなくなってきました。そしてだんだん、部屋がスッキリしてきました。（40代、E・Oさん）

「片づけしなきゃ！」と自分に言い続けるのをやめてみると、新しい世界が待っています。

「じゃあどうしたらいいの!?」と思いますよね。

答えは、自分にプレッシャーをかけて心が重くなる言葉じゃなく、片づけたくなるような気持ちが軽くなる言葉をかけていくんです。

片づけが得意な方は、実は、当たり前にそんな言葉を自分にかけられています。

「スッキリするからやろう」「気持ちいいからやろう」こんな言葉だったら、きっと気持ちが重くならないと思います。

つまり、「やらなきゃ！」より「気持ちいいからやろう！」が動けるキーワードなんです。

片づけをする時は、自分の機嫌をとって、楽しくなるような言葉がけを意識してみてくださいね。

4 部屋が散らかっている原因は10歳までの記憶

魔法の言葉

「私は恥ずかしい人
なんかじゃないもん」

片づけをした方がいいと思っているのに、なぜか行動に移せない。いつまで経《た》っても始められずに、ずーっと先延ばしにしてしまう。そんなお声をよく聞きます。ちょっと、びっくりされるかもしれませんが、そんな人の中には、小さい頃にできた心の傷が影響していて、片づけと向き合えない、という場合があるんですよね。

例えば、小さい頃、お母さんに「片づけができないあなたはダメねぇ。恥ずかしい人だね」なんて言われて、すごく悲しい思いをしてきた人がいます。人によって受け取り方は様々なのですが、そんな言葉を言われて、「私はダメな人」「『恥ずかしい人』なんだ！」と信じて、落ち込んできた人にとっては、大人になって、お母さんと離れて暮らしていても、片づけしようと思った時に、昔の傷が心の奥で疼《うず》いて、片づけをする気持ちになれないという場合があるんです。

私は、心理カウンセラーなので、お話を聞きながら日々、生徒さん達の行動を阻《はば》んでいる心理的な原因を探っていきますが、小さい頃の心の傷が影響していることを知ると、みなさん最初はすごく驚かれます。

そして、「今まで考えたこともなかったけれど、言われてみれば確かにそうだわ」と納得されます。

一見遠回りに思えるかもしれませんが、その心の傷を癒していくことで、嘘みたいに、軽〜く片づけをできるようになる方が多いんです。

小さい頃、片づけのことで、誰かに馬鹿にされた。きょうだいで比べられて怒られた。あるいは、誰かに何かを言われたわけではないけれど、誰かを見て、自分はできなくて恥ずかしいと思い込んでしまった。

頑張って片づけたことを褒めてもらいたかったのに、褒めてもらえなかった。

など、心の傷は人によって様々です。

もし、あなたが片づけが嫌いだったとしたら、小さい頃、経験した何かによって傷つき、自信をなくし、やりたくなくなってしまったのかもしれません。

そこを見つけて癒すことで、何十年とあなたの行動を阻んでいた足枷《あしかせ》が外れ、気持ちよく、軽く動けるようになるかもしれませんよ。

「片づけができないことが、そんな小さい頃のことと関わってるなんて、信じられない！　そんなわけない！」

と思う方もいらっしゃるかもしれませんね。

私たちの価値観や考え方など人格の基礎的な部分は10歳くらいまでに作られると言われています。

なので、片づけに限らず、今、うまくいかないことには、子供の頃に作った価値観や考え方が影響していることが多いんです。

やり方を知っているのに進まないことは、あなたの小さい頃の経験にヒントが隠れている可能性があります。

心の傷を癒す心理療法は様々ありますが、多くの方は、過去のショックな経験から、うまくいかない「セルフイメージ」を作ってしまっていることが多いので、次の項で、うまくいかないセルフイメージのお話をしていきますね。

過去に作った「セルフイメージ」を見直すことは、心を癒すことにも繋《つな》がりますよ。

冒頭でお話ししたような、片づけができなくて恥ずかしいという思いをお持ちの方は、ぜひ「私は恥ずかしい人なんかじゃないもん！」とつぶやいてみてください。

あなたは恥ずかしい人なんかじゃないんですよ。あなたがあなたを認めてあげてくださいね。

5

部屋が変われば、人間関係も楽になる

魔法の言葉

「私もうまくいく人です」

あなたは自分のことを「どんな人」だと思っていますか？

明るい人、人見知りな人、大勢の前で喋《しゃべ》るのが苦手な人、言われたことはできる人など、あなたの中で色んな「自分ってこんな人」が出てくると思います。

では、片づけや部屋に関する「自分ってこんな人」はどんなことが出てきますか？

「片づけできない人」「やっても中途半端になっちゃう人」「インテリアのセンスがない人」「誰にも協力してもらえない人」

など、暗くなる言葉が出てきた人、いらっしゃるかもしれません。
嫌なこと考えさせちゃってごめんなさい。

でも、自分の自信がない部分と向き合うことで、片づけや部屋のイメージが随分変わっていくんです。

「自分ってこんな人」は、私の講座では「セルフイメージ」と呼んでいます。つまりそれは「自分の信じている自分像」です。

前の項で言っていた、小さい頃、何かをきっかけに心に傷ができてしまった人の中には、その時ゆがんだ「自分ってこんな人」という像を植え付けられている可能性があります。
「片づけができなくて家族に怒られる人」「女性として恥ずかしい人」など、心の傷が変形して、今でもあなたのセルフイメージになっていないでしょうか。些細《ささい》なことのようで、実はこの思い込みの負のパワーは、片づけをする上で大きな影響を与えます。

なぜなら人はセルフイメージ通りの行動をする生き物だからです。
自分ってこんな人間だから、こんな環境が相応《ふさわ》しい。こう行動しよう。これを選ぼう。

なんて、セルフイメージを基に私たちは様々なことを選んでいきます。

例えば、「私は片づけが下手で、やっても中途半端になって結局うまくいかない人間なんだ」と心の深いところで信じていたらどうでしょう。

いくら口では「片づけやらなきゃ」と言っていても、どうせやっても無駄だ、と、行動しないことを選択するものです。

インテリア雑誌に載っているような、おしゃれな部屋に住みたいと思っていても、自分って「センスがない恥ずかしい人」だと思っていたら、部屋に置く物も、人に笑われないように、無難な目立たない物ばかり選んで、結果、おしゃれな部屋にはならないかもしれません。

それくらい私たちは、セルフイメージに忠実に行動しているのです。

なので、収納の資格を取っても、インテリア雑誌を愛読しても、セルフイメージが変わらなければ、部屋は変わらないんです。つまり、片づけが苦手な方は、まずは片づけを学ぶ前に、自分の心の仕組み作りに着手する必要があるんですよね。

急がば回れです。

そして、ここ、実はすごく面白いんですよ。セルフイメージが変わったら、部屋だけじゃなく様々なことが変わっていくので、とってもお得なんです。

私の生徒さんで、プロの方に片づけをしてもらっても、新しい部屋に引っ越しをしても、少し時間が経ったらまた同じ状態になってしまうという方がいました。この方は、家を新築する予定があったので、今度こそきれいな部屋を保ちたいと思われ講座に来られました。

話を聞いていく中で、その方には「センスがなくて素敵な物は似合わない自分」「洗濯物さえ片づけられない自分」というセルフイメージを強く持たれていることがわかりました。そこには小さい頃、母親に着ている服を注意されたり、きょうだいの中で一番片づけが苦手だったという経験が影響していました。

そんな方に過去の心の傷を癒し、その経験でできてしまった思い込みを緩め、今までと真逆のセルフイメージである「おしゃれな自分」「できる自分」というキーワードを見つけ、自分はそんな人なんだと信じて振る舞ってもらいました。

そうすると、友達から「素敵な家だね」と褒めてもらえるようになり、大嫌いだった掃除が毎日楽にできるようになって、講座を卒業されて7年経った今でも、とても素敵できれいな部屋の状態をキープされています。

そして、部屋だけじゃなく、人間関係が楽になり、おしゃれを楽しめるようにもなり、「いつも若くて可愛《かわい》いね」と言われるようになったそうです。

セルフイメージを変えるということは、実は片づけ以外にも相当効くのです。


以前は私も、うまくいかないセルフイメージをたくさん持っていました。中でも「イケてない人」「稼げない人」「失敗する人」「怒られる人」は部屋にもかなり影響していました。

インテリアコーディネーターになって、お客さんにインテリアを提案できても、自分の部屋では「私はそんなおしゃれな人間じゃないから、似合わない」と思っていたり、「私はいつもお金がないから、素敵な家具も買わない方がいい」と諦めたり、不用品を捨てようと思っても「私はよく失敗する人なんだから、また後悔するかも」と怖くなってやめたりしました。

そして、片づけができないことで、夫に怒られて、やっぱり私は「怒られる人」なんだなぁって悲しくなっていました。

そこから、セルフイメージを真逆に変えるアプローチをしていったら、色んなことが変

わっていきました。

私は、4000人以上の方のお悩みに関わってきた中で、セルフイメージを作っている「思い込み」には、自分の自信のなさや両親との関係、時代の変化など様々な原因があることを知りました。

この本では、片づけの極意とともにその思い込みを乗り越える考え方についても書いていきたいと思います。

真逆の自分を信じてみると、行動が変わり、部屋だけじゃなく、あなたを取り巻く様々なことが変化していきます。

素敵な未来に行くために、どうか自分を信じてあげてください。

今すぐ信じられなくてもＯＫです。「私もうまくいく人です」と言ってみてください。

そして「うまくいく人」だったら、どんなことを言って、どんなことをするか想像してみてください。

「うまくいく人」のなりきりごっこをしていきましょう。

6 片づけの極意は「自分と仲良くなる」

魔法の言葉

「黒きっかけより
白きっかけ」

いきなり片づけに取りかかる前に、まずあなたにやっていただきたいことがあります。

それは動機の部分に向き合ってほしいのです。あなたは、なぜ片づけがしたいんですか？

なぜ片づけができるようになりたいんでしょう？


考えられましたか。

実はそこに、行動できるかどうかの重要なヒントが隠れています。

例えば「夫にうるさく言われるから」「人が来た時に恥ずかしいから」「だって、できないとダメだから」など、ちょっとネガティブな理由が出てきた方がいるかもしれません。

片づけに深く悩まれている方の多くは、「ダメな自分を何とかしたい」「これ以上、怒られたくないから」なんてネガティブな気持ちが「片づけをやる動機」になっていることが多いんです。

私はこのネガティブな動機に「黒きっかけ」という名前をつけています。

一方、片づけの得意な人、片づけが好きな人と話してみると、どんなことを言われると思いますか?

「気持ちいいから」「スッキリするから」「やると褒められて嬉《うれ》しいから」など、ポジティブな動機を持っていらっしゃる方が多いんです。私は、ポジティブな動機を「白きっかけ」と呼んでいます。

片づけに限らず、人は何かの行動をする時に、ポジティブな動機とネガティブな動機のどちらかを使っていることが多いんです。

そして、得意なことや好きなことには白きっかけがあり、苦手なことや嫌いなことには黒きっかけがくっついていることがほとんどです。

私は、その動機、きっかけは「エンジン」と同じような物だと考えています。

どちらも、自分という人間を動かすエンジンなのですが、白きっかけは、楽しい気持ちで楽に軽くスーッと動けるけれど、黒きっかけは、すごくプレッシャーをかけて、自分のお尻を叩きながら、頑張って動かしていく感じです。

車にたとえると、白きっかけは、楽にスーッと軽く動く電気自動車、そして、黒きっかけは、黒い煙を撒《ま》き散らして、すごい音を出しながら動くディーゼルエンジン車をイメージするとわかりやすいかもしれません。

そう聞くと黒きっかけはあまり良くない感じがするかもしれませんが、黒きっかけも立派なエンジンです。使い方によっては、とてもいい仕事をしてくれます。

例えば、彼氏に振られて、惨めな思いをしたから、「絶対きれいになって見返してやるんだ！」なんて美容やダイエットに励む。

これはネガティブな感情黒きっかけを利用して行動する仕組みになります。

黒きっかけには瞬発力があって、短期間でしっかり行動したい時には効果を発揮します。でも、長期にわたって、ネガティブな感情を動機に動き続けるのは心理的な負担がかかるので、しんどいんですよね。

一方「このワンピースが可愛く着こなせたら素敵だなぁ！　そのためにウエストを絞ろう！」という動機は白きっかけになります。

黒きっかけより瞬発力は落ちますが、長期にわたって行動する必要があるものなら心理的な負担が少ないこちらの方が、長い目で見ると成果を出しやすいんです。

私も、去年、ウエストマイナス5センチのダイエットに成功して、50歳の今、人生で一番スタイルがいいんですが、「下っ腹ぽっこりをいい加減なんとかしなきゃなぁ」と何十年も思っていたんです。そんなに行動できなかったのが「あのニットの可愛いワンピースを着て街をかっこよく歩きたいなぁ」としっかりイメージしたら、途端にやる気が出て楽しく、軽く、家で毎日筋トレができるようになりました。

「ダメな自分をなんとかしたい」そんな黒きっかけが「気持ちいいから片づけたい」という白きっかけになったら、あなたもきっと軽く行動したくなるんじゃないでしょうか。

でも、なかなかそうは思えないという方は、無理をする必要はありません。

まず、黒きっかけを作る原因になった自分の心の傷や、劣等感とちょっと向き合ってみてください。実は、あなた自身が、そんな経験をした自分のことをすごく嫌っていたり、馬鹿にしていたりしませんか。そのことで、ずっと自分に嫌な言葉をかけ続けて、自分を追い詰めていないでしょうか。

多くの人は、他人には気を遣ったり、優しい言葉をかけたりするのに、自分にはひどい言葉をかけていいと思っています。人は誰かにひどい言葉をかけられると、心を切り刻まれるくらい傷つくものです。ひどい言葉は暴力と同じなんです。そして、それは自分にも言えることです。

心がズタズタの状態では人は動けません。どうか苦手な片づけを頑張ろうとしている自分を、優しい目で見てあげてください。そして、優しい言葉をかけてあげてください。

自分と仲良くなったら片づけだけではなく、色んなことが行動に移しやすくなりますよ。

自分との約束、めちゃめちゃ大事です。自分が自分のことをいじめなくなって、味方してくれるようになったら、人ってチャレンジする勇気が持てるんです。あなたも自分と仲直りしてくださいね。

7 きれいな部屋＝ピリピリしているお母さん!?

魔法の言葉

「全部マル！」

片づけができるようになってから、私の部屋の写真を様々なインテリア雑誌やネットに掲載していただいたのですが、それを見て、ある方がこんな率直な意見を言ってくださいました。

「こんなに部屋をきれいにしていたら、お子さんや旦那さんが大変そう」

これだけきれいにするには、家族に厳しく言っていそうって思われたみたいです。

この方の持っておられるイメージ、私もすごくわかります。

「きれいな部屋＝ピリピリしているお母さん」という方程式が多くの方にはあるんじゃないでしょうか。

ご自身が子供の時、そういう経験をされたり、そういう風景を見てこられた方もいらっしゃると思います。

そして、実際、ピリピリしながら頑張ってきれいな部屋を保っている方は、多いです。

部屋がいくらきれいで完璧でも、家族を見張って「片づけなさい！」といつも怒っている状態では、きっと心は楽ではないですよね。

一方で片づけは苦手だけれど、部屋が片づいたら幸せがやってくるに違いないと信じている方も結構いらっしゃいます。

でも、実はそうとは言えないんです。

私の知り合いで離婚カウンセラーの方がいます。その方はお仕事柄、夫婦関係が悪く、泥沼状態に陥っている方達のご自宅へ伺って相談に乗ることも多々あるそうなのですが、「片づけどころじゃない」と、部屋も散らかっているご夫婦と同じくらいに、完璧なくらいきれいに整った部屋の方もいらっしゃるそうです。ちょっと意外ですよね。

でも実はこれって、片づけの話題の中で、ちょくちょく耳にすることなのです。私の生徒さんの中にも「片づけができるようになって、むしろ夫婦仲や家族仲が悪くなった知り合いがいるので不安でした」「ちもさんの発信を見ていると、ご家族の仲がとても良さそうなので、安心して習うことにしました」と言ってくださった方がいらっしゃいます。

私は、片づけができるようになることが必ずしも家族仲を悪くするとは思っていませんが、どういう考え方がベースにあるかで、それが家族仲にも影響すると思っています。

ですので、私が生徒さん達にお伝えする時は、「幸せになる片づけ」の考え方の部分をしつこいくらい何度もお伝えしているんです。

それは何かというと、この章の冒頭に言っていた「片づけができない人はダメじゃない」「片づけができない人にも価値がある」ということです。

なぜなら、片づけができない自分を認めないいまま、ただ苦手なことを頑張って克服しても、

「片づけができていることだけが正しい（→片づけができていないことはダメ）」「片づけができる人だけが素晴らしい（→片づけができない人はダメな人）」

という価値観が残っていると、ダメにならないように自分のことも家族のこともずっと見張り続けないといけません。

体調を崩していたり、仕事が忙しかったり、様々な事情で片づけができない時があったらそれだけで、ダメな自分に逆戻りしたような気がして、あっという間に自己肯定感が下がって、自信がなくなる人も多いです。


そして、「私だって頑張ってるんだから、あなたも頑張りなさいよ！」と相手に腹が立ったり、「あなたはまだ『恥ずかしい人』をやっているのね」と他人を見下したり、こちらの「正しさ」に合わせて、相手を見張って裁きたくなったりすると、大切な人間関係が苦しいものになってしまうかもしれません。


実は私自身も、頑張って何かをできるようになったのに、うまくいかなかった経験をしてきました。

私は小さい頃から自信がなくて、私みたいなダメな自分が人並みになるには努力が必要なんだと、肩に力を入れて頑張ってきました。中には努力が実ったと思えた瞬間もありました。でも、その後、私の前にもっとできる人が何人も現れて、その人と比べて「やっぱり私はダメなんだ！」と、落ち込んで……ということを繰り返していました。どうやったら人から認めてもらえるんだろう。どうやったら少しはマシな人間になれるんだろう。そんなことばかり考えていた気がします。

でも、心の勉強をしてから知ったのですが、実は「私はダメな人間だから何かを頑張らなきゃ！」とか、「これができない私はダメなんだ！」という思い込みこそが、一番うまくいかない原因だったんです。

この前提を変えていかない限り、何を努力しても、何を頑張っても、ずっとしんどいループから抜け出せないんです。

一方、私は自信がついたことで人間関係がうまくいかない経験もしてきました。大学卒業後、会社に入って数年、仕事に慣れてきた頃です。努力が形になったり、経験を積んだりしたことで、「私って結構できる人かも！」と思えた時期でした。その時の私は人に対して「どうして、あの人はこんなこともできないの？」「こんなこともわからないなんて常識ないんじゃない？」なんてことをよく口にしていました。この頃は不思議なくらい、次から次へと人とぶつかり、人間関係がうまくいかなくて本当に大変でした。後から考えると、その時の私は「自分が正しい」「あなたもできて当然でしょ！」と思いすぎていたことで、相手を受け入れられず、いつもピリピリしていたんだと思います。

何かができることだけが人の価値じゃない。
何かができることだけが正しいわけじゃない。

努力してもできない人もいれば、自分が「これは頑張るべきでしょ！」と思っていても相手が「別のことを頑張るべき！」と思っている場合もあるんだなぁと知りました。

大人達の多くはそれぞれの立場において「家事を頑張るべき」とか「仕事を頑張るべき」などと思っているように、子ども達も、学校生活の中で毎日必死で何かを頑張っています。

自分が「頑張るべき！」と思ってることと相手が「頑張るべき！」と思ってることが違ったら、相手の頑張りにはなかなか気づきにくいけれど、みんなそれぞれ、何かを頑張っている。

頑張れなくても、頑張ろうとしているのかもしれません。

私自身も苦手でできないことがたくさんあります。
みんなそうですよね。パーフェクトな人なんていないない。
でも、そんな未熟で完璧じゃない、あなたも私も、全ての人に価値があるんです。

「できる」だけにマルをつけるんじゃなくて、「色んな人や色んなことが『全部マル』なんだ！」と思えたら、ふっと心が軽くなって、元気が出て自分自身のことも人間関係もうまくいきます。

私は片づけにもそんな「自分にも他人にも優しくなれる考え方」がとても大切だと考えています。
「正しい」や「べき」で片づけるんじゃなくて、色んな人や色んなことが「全部マル」なんだと受け入れていくことで、「不幸になる片づけ」が「幸せになる片づけ」に変わっていきます。

片づけを通じて、あなたが自分を否定したり、他人を見張ったりするのではなく、そして自分や他人を「正しい」「間違ってる」とジャッジするのではなく、自分にも周りの人にも優しい気持ちになれて、幸せになっていくことを私は心から願っています。

8
片づけを「作業」にしない考え方のコツ

魔法の言葉

「失敗してもいい！
答えは私の中にある！」

片づけが苦手な人の共通点はいくつかありますが、中でも多いのは片づけをただの「タスク」や「作業」と捉えているケースです。そうすると、片づけがしんどいイメージになってしまうので、そんな方はまず「どんな部屋にしたいか」という最終ゴールを意識してみてください。

「将来どんな素敵な部屋に住みたいか」と具体的にイメージすることで、「タスク」や

「作業」ではなく、気分が上がる〝未来への通過点〟として考えることができるようになると、心と体が軽くなり、不思議なほど片づけが進んでいかれる方が多いんです。

私の講座では、「自分を大切にできる癒しの空間」というテーマを掲げて、具体的に考えてもらうようレクチャーしています。

私はインテリアコーディネーターでもあるので、インテリアの力も利用しながら、「自分にとって快適でほっこりする空間ってこんな感じ」というイメージをしてもらいます。

ここでも何が正しい、何が間違っているということはありません。

自分軸で考える癒しの空間は、本当に多種

多様です。

そうはいっても最初はなかなかイメージできない方もいらっしゃいます。そんな方は、心理的なブロックがあって、イメージがスムーズに出てこない状態になっていたり、素敵な部屋が自分に相応しくないと思って、想像するのをやめている場合もあります。

ある生徒さんは、「未来の素敵な部屋をイメージすることがとても怖い」とおっしゃっていました。その方は、小さい頃からお母さんに「あなたが何か選ぶと失敗するから、私の選んだ物にしておきなさい」と何度も言われてきたそうです。そのせいで、今までの人生で、自分で何かを選ぶことを極力避けてきたと言われていました。

未来の癒しの空間は、イメージの中とはいえ、自分の選んだものだけでできた世界。それがその方にとっては、失敗してうまくいかないいんじゃないかと怖くなって、イメージすることを拒否していたようです。

その方のセルフイメージを聞いてみると、「私は失敗する人だ」「私はセンスのない人だ」という言葉が出てきました。

そこから、その方は、過去のお母さんとのやり取りから、自分の行動を制限する言葉を無意識にかけ続けていたことを自覚されました。

何かにチャレンジしようと思っても、「私は失敗する人だからやめておいた方がいい」「失敗したら恥ずかしいよ」ともう一人の自分が声をかけているのに気づき、その度に、「私はうまくいく人だ」「失敗しても大丈夫」「私はセンスのある人だ」と真逆の言葉をつぶやいてもらいました。そして、失敗しても自分にダメ出しをしないという約束をしてもらいました。

もしも失敗したと感じた時は、「失敗したのはチャレンジしたから。チャレンジできて偉かったね！」と声をかけてあげることに決めました。そんな自分との約束ができたことが安心感に繋がり、不思議なくらい、どんどん片づけが進んでいきました。

カフェ巡りが趣味だったその方の理想のインテリアは、北欧カフェのような空間でした。「いつもぐちゃぐちゃの部屋で、何から手をつけたらいいか全くわからない！」と絶望されていた方が、好きなカフェの写真をたくさん見ているうちに、自分の「好き」に気づいていかれました。

そして、「センスがない自分は無難な物しか買ってはいけない」と思って生きてこられたので、センスのある人になりきるゲームをしてもらいました。「もしあなたがセンスがある人間なら、どんな行動をする？　どんな物を選ぶ？」その答えを考えて、理想のインテリアに置いてありそうな、今までなら選ばなかった物を選んでみる練習をしていかれたんです。

そして、今では「センスいいね！」「おしゃれだね！」と友達から度々言われるようになったそうです。

毎日、自分好みの部屋でソファに座って、優雅に紅茶を楽しみ、突然の来客にも「どうぞ」と言えるようになって、「人生変わりました！」と言っておられます。

誰かの言葉や世間の常識に縛られていると、自分の思ったようには行動できなくなってしまいます。自分を大切にする癒しの空間の答えは、自分しかわかりません。自分の理想の部屋を実現した人は、自分に聞きながらチャレンジをして、何度失敗をしても、チャレンジをやめなかったから、作り上げることができたんですよね。失敗することを許可して、誰かの基準ではなく、自分の中にある答えを見つけてあげてくださいね。

「失敗してもいい！　答えは私の中にある！」そんな風に思ってみてください。

9 SNSや雑誌のインテリアをうのみにしない

魔法の言葉

「もう『理想』で自分にダメ出ししないと約束します」

これまで、素敵なイメージの力が片づけを進める上でとても効果的だというお話をしてきました。

一方で、展示場やホテルみたいな部屋に住みたいと思っているのに、全く片づけが進まないという方もいらっしゃいます。

他には、いつもインテリア雑誌や、ミニマリストの方の情報を見て、スッキリした素敵な部屋のイメージがはっきりとあるのに、自分の家の片づけはいつも先延ばしにしてしまって、全く行動できないとおっしゃる方も多いです。

これも実は、イメージをうまく使えていないと言えます。


例えば、すごい人や完璧な状態などと比べて、自分との差を意識するあまり、自分にダメ出ししてしまう癖がある人が結構いらっしゃいます。

ある方は、インテリア雑誌を読むのが趣味だったのですが、雑誌を見る度にこんなことを思われていました。

「いつも雑誌で見るこの人は、子供が3人いて仕事もしているのに、部屋はおしゃれでこんなにきれい。一方、私ときたら、子供は1人で少しだけパートしているくらいなのに、毎日ダラダラして何もしてない。私ってダメな人間だわぁ」

そんな風に毎日、「私は能力のないダメな主婦」というセルフイメージを確認していらっしゃいました。


せっかくの素敵な部屋や憧れの人も、自分へダメ出しをするための材料として使っていたら、元気も出ないし、片づけのやる気もなくなってしまいますよね。

素敵で完璧な部屋や人に憧れるのは、1章の2でお伝えした「完璧主義」の影響もあるかもしれません。

そもそも、完璧な部屋や人なんて、案外存在しないのかもしれませんよ。

私もインテリア雑誌に写真を載せてもらう時は、カメラマンが撮影に来られたりして、部屋は一番きれいな状態になっていますが、子供が帰ってきたら、当たり前に宿題を広げたり、服が脱いであったり、食べかけのお菓子の袋が散らばっていたりします（笑）。

私は、部屋って、人が生活する場所なのだから、そんな瞬間があって当たり前で、それが生きているってことなんじゃないかなぁって思っています。

いつも完璧に何もないきれいな状態であることの方が不自然なのかもしれませんよ。

そして、雑誌やネットで見る完璧な部屋を基準に理想の部屋を考えていると、無理があるので、片づけは幻のゴールに向かって奔走する作業になるかもしれません。

理想の部屋のイメージにも、完璧主義が働いている人は、ちょっとそこを緩めていくのがおすすめです。

もちろん素敵なイメージをするのが、悪いわけではありません。

その素敵なイメージに「ならないとダメ」ではなく、「ならないと価値がない」わけでもない。なってもならなくてもいいんです。

「こんな部屋ならテンション上がる。そうなったら素敵だなぁ。私もなっていいよね。なれるかも」

そんな感じで、ふわっと軽く楽しくイメージしてみてください。

くれぐれも、素敵なイメージを自分いじめの材料に使うのはやめてください。

苦手な片づけをする時こそ、自分が自分の味方になってあげないと、やりたくなくなってしまうのでね。

心当たりのある方は「もう『理想』で自分にダメ出ししないと約束します」と言ってくださいね。

10 片づけられないあなたはダメじゃない

魔法の言葉

「片づけられなくても私には価値があるもん」

この本を手に取ってくださったあなたは、片づけが苦手なことで、悩まれているのかもしれませんね。今まであなたは、片づけが苦手な自分のことを「人としてダメだなぁ」と思ってきたのかもしれません。

この章の最後に改めて、とーっても大事なことを言いますよ。よく聞いてくださいね。

片づけできないあなたは、人としてダメなんかじゃない！

とっても価値がある素晴らしい人間なんです。

「えー、嘘〜！」って思った方ほど、この言葉、しっかり覚えておいてくださいね。

なぜなら、この考え方は、あなたが片づけの行動を進めていく上で、とっても重要な心のベース、エンジンの核の部分になります。

私のところに来てくださる方のほとんどが「片づけができない私って、人より劣ってて恥ずかしい！」なんて思われていたりします。

中には「女性として価値がない」「母親として相応しくない」「人間失格だ！」なんて強い言葉で自分を非難している方もいらっしゃいます。

片づけができることが人として当然だ。片づけができる人が素晴らしい。そんな風にどこかで教えられてきた人が多いようですね。

お母さんが昔、しつけのために、そんな言葉をあなたにかけてきたのかもしれません。

そして、あなたのお母さんもおばあちゃんから洗脳されてきたのかもしれませんね。

そもそも、片づけで人としての価値って本当に測れるのでしょうか。

私は10年近く、片づけを教える先生をしていますが、そんな風には思いません。人って誰でも得意なことと、不得意なことがありますよね。それは、持って生まれた脳や体の特性で決まってくる場合もあります。例えば、走るのが速い人もいれば、遅い人もいます。絵を描くのが得意な人もいれば、苦手な人もいる。人に何かを伝えるのが得意な人もいれば、一人で黙々と何かを作るのが得意な人もいるんです。そして、今は多様化の時代なんて言われていて、昔より随分個性が認められる時代になってきました。

それなのに、片づけに関しては今でも「できて当然」「女性ならやって当たり前」「片づけできないことは恥ずかしい」なんて思われることが多いのは不自然だと思いませんか。

私は、小さい頃からスポーツが得意ではなかったので、人生で逆上がりができたことは一度もないのですが、今、誰かから「逆上がりができなくて恥ずかしい」「人間なら逆上がりができて当然」なんて非難されることはありません。でも、言ってみれば「逆上がり」も「片づけ」も能力の一つにすぎないんですよね。片づけだけが過剰に人間の価値と結びつけられていることに違和感を覚えています。さらに言うと、女性の価値を測る基準のように認識されている。そのために苦しい思いをしている方がすごく多いと思います。

そして、私は、片づけが苦手でも、人として素晴らしい方をたくさん知っています。だから自信を持って、片づけが苦手なことと人としての価値は関係ないと言い切ります。片づけが苦手でも、あなたの人としての価値は1ミリも下がったりしません。

片づけできる人〈も〉素晴らしい。そして、できない人も素晴らしいんです。

自分を認めて応援しながら行動していくと、目の前の状況はどんどん変わっていきます。心と部屋を私と一緒に変えていきませんか？

1章の最後に、少し私のこともお話しさせてもらいますね。私は小さい頃から大人になるまで、片づけができたことがありませんでした。母も片づけが苦手だったので、いつも家の中はぐちゃぐちゃ。私の机の上はいつも物で溢れていて、ドリルや教科書をよく失《な》くし、先生には「忘れ物の常習犯」と言われていました。半年前の遠足のおにぎりが入ったお弁当箱が、机の下から出てくることもありました。学校では女の子として恥ずかしいから、段々、「ちゃんとしなきゃ！」という気持ちが芽生え、なんとか身の回りの整理はできたのですが、家では何をどうしていいのか全くわかりませんでした。

父はまだきれい好きだったので、見かねて時々、家中のゴミを捨てていましたが、その父も私が高校1年の時に癌《がん》で他界してしまいました。落ち込んだ母は、彼氏を作って毎日遊びに行くようになり、ほとんど家事をしなくなりました。そして、2人の兄も私も、掃除や片づけをしようと思わなかったので、家はどんどんひどい状態になっていきました。

上の兄は引きこもりで、部屋の中を趣味の物でギューギューに埋め尽くし、母も買い物依存症になり、どんどん物を買い込んでくるので、あらゆる物がひしめき合い、たくさんの物が溢れている家の中で毎日過ごしていました。

ダイニングテーブルは物で覆われ、20センチ四方くらいしか食べるスペースがなかったので、すぐ物に引っかかり、一度の食事で何度も箸《はし》を落とす環境でした。拾った箸には髪の毛や埃がびーっしり付いていて、私は「外で落とすより汚いなぁ……」とその箸を眺めていたものです。

浴室も誰も掃除することがなかったので、いつもカビだらけ。お風呂の浴槽の内側には水垢《みずあか》が何層もできては剝《は》がれ、イソギンチャクのようにゆらゆらしている水垢を眺めながら入浴していました。

母は掃除はしませんが買い物は好きなので、開封していない掃除用具は山ほどありました。キッチンの前の床がベタベタしたら敷物を買ってくるので、気がついたら5枚もの敷物が重ねて置いてあったり、安かったからと中古のタンスを買ってきて、物の山の上に置き、斜めになったタンスは1年経っても中身は空っぽでした。

そんな中、私が大学生の時に猫を飼うことになりました。オスの猫でしたが、兄は去勢するのを可哀想だと言い、手術をせずに飼っていたので、溢れる物の上にマーキングをして回り、鼻を突くような刺激臭の中で生活していました。当時の私は外では「ちゃんとした人」を頑張っていたので、そんな私の育ちの悪さがバレないかと、いつもヒヤヒヤしていました。

時々、服から猫のマーキングの臭いがした時は、泣きたくなりました。

こんな話を聞いて気分が悪くなった方、すみません。びっくりされたかもしれませんが、私にとってはそんな空間がずっと当たり前の日常の風景でした。そんな生活を送ってきた私が、どうして30冊以上のインテリア雑誌に載せてもらえるような部屋に住めるようになったのか、片づけの先生をやるようになったのか、気になりませんか。

そうなるまでの経緯について、もう少しお話しさせてくださいね。

片づけのやり方もわからなければ、やる気もなかった私が、片づけができるようになりたいと心から思うようになったのは、母の影響でした。母が家事を全然してくれなくなったことで、私は母からの愛情をもらえていないと感じて、心の奥にはいつも寂しい気持ちがありました。

母に対して、すねている気持ちがあったので、「実家では家事なんてしてやるもんか！」という反発があり、全く家事をしませんでした。でも一方で、私が自分の家庭を築く時は、母のようにはなりたくないという思いが強かったのです。

結婚を機に実家を離れた私は、やがて息子を出産しました。新しい家庭に夢を膨らませ「いい奥さんになりたい！」「いいお母さんになりたい！」と意気込んでいました。でも、ずっと全然うまくいきませんでした。

新婚当初のある日、夫にこんなことを言われました。「なぁ、いつになったら掃除機かけるの？」「いつになったらお風呂洗うの？」「普通毎日やるもんちゃうの？」

実家では誰も掃除をせず、母がお風呂を洗っているのも見たことがありません。

夫の実家と私の実家では、当たり前が違いすぎたのです。彼にとって、私との生活は衝撃的なことが多かったらしく、片づけができないことをいつも責められ、怒られていました。

「わかってるけど、そんな言い方しなくてもいいやん……」そんな言葉をいつも飲み込んでいました。言ってもきっとわかってもらえないし、また怒られるだけだから。

片づけや掃除のことを注意されると、人格を否定されたような気持ちがして悲しくなっていました。私だってうまくやりたい。でも、どうしたらいいかわからなかったんです。


私自身も自分に呆《あき》れ果てていました。


当時、インテリアコーディネーターとして、ハウスメーカーで働いていた私は、お客さんにインテリアを提案して、「素敵〜♪」と喜んでもらっていました。でも、部屋をおしゃれにする方法はわかっていても、自分の家では物を捨てられないし、素敵な物を買うこともできないんです。

さすがに自分でも、これは「心の問題かもしれない」と薄々気づき始めましたが、当時はまだそこには向き合えず、掃除の方法、収納の方法を調べていました。

やがて、仕事を辞めて専業主婦になった後も、時間はたっぷりあるのに、朝ご飯の茶碗《ちゃわん》が、夜中まで片づけられない。わた埃が部屋の隅にいくつも固まって、ふわふわ舞っているのに、それを眺めたまま、ダラダラテレビを見て一日中動けない。トイレの床に髪の毛がたくさん落ちていて「掃除すればいいのになぁ、私」と頭では考えながらも、体の方は鉛のように重く、がんとして行動しようとしない。そんな自分に違和感を覚えていました。

なんとか変わりたくて、収納や掃除のやり方を学んで何度もチャレンジしました。でも、必死で頑張ってもすぐに元通りになってしまいます。いわゆるリバウンドです。収納グッズを買ったり作ったりしても、それがうまくいくのはほんの数日で、気がついたら収納グッズの中は空っぽ。物は全部外に出ている状態になりました。

あんなにお金も時間も手間もかけて頑張ったのに、たった数日で元通りなんて、「本当に、なんてダメな私なんだ!!」と悲しくなり、片づけを頑張れば頑張るほど、自信をなくしていきました。

そんな中、2人目の子を里帰り出産することになりました。実家はさらに環境が悪くなっていました。ダニやハエが湧き、当時2歳の長男は顔をボコボコに腫らしていました。長男や新生児の次男を守ろうと、毎日ピリピリしていた私は、母に助けを求めましたが、母は彼氏と外出してばかりで助けてくれず、やっぱり母は私のことを大切にしてくれないんだという怒りが再燃。里帰りして今度こそ母に甘えようと思っていたのに、全く思い通りにはならなくて、母や母の彼氏、その上、夫とも大喧嘩《おおげんか》をしてしまいました。

挙《あ》げ句の果てには、イライラして不安定な気持ちの中で、可愛い子供達にも声を荒らげてあたっている自分に気づき、もう、どうしたらいいかわからなくなりました。

そして、一人になった時、張り詰めていた糸が切れたように、声を上げてワンワン泣いてしまったのです。

ただ、子供を健やかに育てられるお母さんになりたいだけなのに！

ただ、夫を優しくサポートできる奥さんになりたいだけなのに！

私だってこんなに一所懸命やってるのに！

どうして誰もわかってくれないの！

どうして誰も優しく協力してくれないの！

どうしてうまくいかないの！

情けなくて苦しくて、声を上げて泣きました。
そして、泣きじゃくって、落ち着いたら、こんな言葉をつぶやいていました。

本当は、誰のせいにもしたくない。
誰のことも恨みたくない。
自分のことも嫌いになりたくない。

実家から戻って、再び子育てに追われる日々の中で満たされない気持ちのまま、悶々《もんもん》としていたのですが、ある時、やけくそになって心の中でこんなことを叫んでいたんです。

「片づけできなくて何が悪いの！　片づけできなくても死なへんやん！　私だって頑張ってるんやから！　私は片づけできなくても価値があるもん！　私にもいいところ、色々あるもん！」

すねた子供みたいに開き直ってみたら、少しスッキリしたんです。
そうしたら、不思議なことに、肩の力が抜けたような気がして、ちょっと楽な気持ちで片づけと向き合うことができたんです。

後から考えてみたら、私自身が、片づけができない自分のことをすごく嫌っていて、価値がないと思っていたんですよね。その後、心の勉強をして知ったのですが、自分を馬鹿にしながら、何かを頑張るのってすごく苦しいし、うまくいかないものなんです。自分も満更じゃない！　って自分の味方をしてあげられたらパワーが湧いてきました。

そして、ちょっと元気になった私は気持ちを切り替えました。「こんな怠け者で、いい加減な私でも、何かうまくいく方法があるんじゃない？」「片づけ苦手でズボラな私でもできる方法が何かないか、毎日実験してたら、おばあちゃんになるまでにはできるかも」
そんな気持ちで、色々検証することにしました。そして、できない自分を馬鹿にするんじゃなくて、味方をしながら、「私はどうしてそんなにやりたくないのか」という、その動きたくない原因を深掘りして探っていくことにしたんです。

その後、心や脳の勉強をしたことで徐々に自分の心の仕組みや動きたくない理由がわかってきました。

「私はどうしようもない怠け者なんだ」

そんな風に自分の「人間性」を仕立て上げていたせいで、見えなくなっていた構造がどんどんわかってきたのです。

私には「怠け者」「ズボラ」という性格があったわけじゃない。

ちょっと「うまくいかない思考の仕組み」と「行動の仕組み」をたまたま持っていただけだったんだと気づきました。

すると、生まれてこの方、できたことがなかった片づけが、誰からも習っていないのに、それから数年でできるようになり、どんどん抵抗感なく動けるようになっていきました。

片づけのやり方や収納の方法を学んでいても全くできなかった私が、心や脳に拒まれない方法を編み出して、きれいな部屋を実現し、ずっと維持することができるようになったんです。

実家　Before

現在　After

そして、9年前からそれを「癒しのお片づけ講座」として、片づけができずに困っている方たちにお伝えするようになりました。

何十年も片づけのことで悩んでる方や、先延ばし癖が強い方も、私と同じように、頑張らなくても自然に軽く動けるようになられました。それだけじゃなく、人生が楽になった！　家族関係が良くなった！　結婚相手が見つかった！　など、様々な嬉しい反響をいただいています。

私は、ずっと自分に自信がなかったあなたに、お伝えしたいんです。それは、今までの方法があなたに合わなかったり、心や脳のベースが整ってなくて、片づけにうまく向き合えなかっただけなんですよ。

そして、あなたもまずは、私みたいに口に出して言ってみてください。

「片づけられなくても私には価値があるもん！」って。

どんな気持ちがしましたか？

「やっぱり価値があるとは思えない！」と思った方、今はそう感じていても大丈夫。少しずつ自分の心と脳を整えながら動ける仕組みを作っていきましょう。

今までと違う、全く新しい片づけの方法を知ってくださいね。

Column

実家の片づけが怖い「助けてもらえる私なんだ」

私の年代になると、亡くなった両親の家の片づけをすることにすごい重圧を感じておられる方が多くいらっしゃいます。

自分も片づけができないのに、親の分まで降りかかってきたら、子泣きじじいが背中に乗っている以上の重みかもしれません。

私の母は今年89歳ですが、買い物が大好きで、人に配ったらいいと新品のタオルや傘などを数十個大量買いしては、買ったことも忘れて袋に入れっぱなし。

実家は古い物から新品の物まで、様々な物が入った袋で溢れています。母の口癖の「もったいない」という決まり文句はもちろん、「捨てるのはいつでも捨てられる！」とドヤ顔をして言い放つ始末。

「あの〜……、それ、いつか全部、私の仕事になると思うんですけど〜……」と私が密《ひそ》かに心の中でツッコミを入れているのを知る由もありません。

そして、実家には昔、祖父母も住んでいたので、2世帯分の大荷物が蓄積されているのですが、私は今は不思議なくらい重荷には感じていません。

自分の片づけができない時は、正直、「母の物はもちろん、祖父母のお荷物まで押し付けられるのは嫌だ！　元気な間にちゃんとしてよ！」と思っていました。そして、片づけができるようになってからも、最初は「母も私みたいに片づければいいのに！」と母の行動に色々口を出しました。

そして、片づけ講座を開くようになってからは「私が片づけの先生をしているんだから、実家が汚いのはカッコ悪いし恥ずかしい。もうこれ以上、足を引っ張らないでよ！」なんて思いがあって、なんとか母を変えたいといつも思っていました。

でも、そうやって、母を変えようと思えば思うほど、母は頑《かたく》なになり、余計に片づけたくないと反発するようになりました。

人を変えようと思えば思うほど、相手は変わらないように突っ張るもの。

このことは心の勉強をして知っていたはずなのに、自分の家族のことになるとつい忘れてしまいがちですね。

その日から、私は母を変えようとするのをやめました。母ももう高齢なので「好きなことをして片づけのことなんて気にせず、人生楽しんだらいいよ！　もしあの世に行ったら、母の分も祖父母の分も全部私が気持ちよーく捨ててあげるから、任せとき‼」って気持ちで、見守っています。

そりゃ私も親に対して、すねた気持ちや被害者意識を持ってきた部分があるので、最初から爽やかに、そんな風には思えなかったけれど、心理カウンセリングで母への気持ちが少しずつ緩んできたことで、実家の片づけへの気持ちも少しずつ変わってきました。

今の私にとって実家の片づけは「卒業試験」みたいな気がしています。

やらされている、じゃなく、迷惑かけられて足を引っ張られているでもなく、「母ができなかった『気持ちいい』を私が存分に感じてやるぞー‼」そんなところに意識が向いているので、気持ちが軽いんだと思います。

人は「気持ちいいこと」しかやりたくないのでね。

亡くなった人の物を捨てるのに罪悪感を覚える人もいると思います。捨てることと様々な罪悪感が繋がっているということを、1章ではお話ししてきました。

でも、その罪悪感は思い込みです。

特に亡くなった方の物を処分する時には、自分が無意識に持っている「死生観」が関わってくるかもしれません。

例えば、死んだ人がどこかで見ていて、怒っている気がしていたら、そりゃ捨てにくいですよね。

そんなイメージも、自分が勝手に作り出している思い込みなんです。

私は、小さい頃から何人もの身内の死に立ち会ってきました。その度に死というものと向き合ってきたんですが、死後の世界は誰にもわからないものだからこそ、今の私が心地よく幸せに暮らせるように考えておくのがいいと思ってきました。

この世の肉体がなくなれば、その人がこの世に残した物体も使えなくなり、その人にとってもその物は意味を持たなくなる。だから、大切にされていた物を手放しても大丈夫。魂は幸せにどこか良いところにいらっしゃるんだろうと信じて、この世でその方が処分できなかった物は、変に罪悪感を覚えずに、気持ちよく処分してあげよう。そんな気持ちでいるのがいいのかなと思います。

そして、残された荷物は、自分だけで背負わず、できるだけ周りの人に協力してもらったり、時には業者さんにも頼んだりしながら、手放していけたらいいですね。

案外楽〜にできるかもしれないって、思ってみるのも良いかもしれません。楽〜な方法を思いつくかもしれませんよ。

「助けてもらえる自分なんだ」「楽していい自分なんだ」そんなセルフイメージを育てることも大切ですね。

どうか「助けてもらえる私なんだ」と信じてみてください。

2章

きれいな部屋を保つための魔法の言葉

頑張って片づけた部屋はなぜすぐ散らかるのか

魔法の言葉

「頑張っちゃったらリバウンド」

あなたはあんなに頑張って片づけたのに、またすぐ元通りになっている！　と愕然《がくぜん》としたことはありませんか？

「片づけは頑張ってやるもの！」「時間をとってしっかり片づけなきゃ！」

実はその頑張りこそが、リバウンドの最大の原因なのです。

リバウンドっていうと、ダイエットのことを思い浮かべる人が多いかもしれませんね。必死で頑張って、「やったー目標達成したー!!」って思って気を抜いたら、あっという間に元通り。

そういう現象は、ダイエットだけじゃなく、片づけでも多くの方が繰り返されています。

私も以前はそうでした。

いつもリバウンドを繰り返していたので、「片づけは報われない作業！　やっても仕方ない！　大変なだけ！　大嫌い！」なんて思っていたんですが、片づけできない自分はダメじゃないと思えるようになって、やっと片づけと向き合えるようになった頃、「ここには何かリバウンドしちゃう仕組みがあるんじゃないの？」と考えるようになったんです。

そうすると、リバウンドはどうやら、私を始め、多くの片づけが苦手な人に共通する考え方が原因になっていることに気づいたんです。

それをわかりやすいようにグラフにしてみました。

縦軸に部屋の中にある整理されていない物の量、ゴミの量（部屋のぐちゃぐちゃ度）、横軸に過ぎていく時間をとります（この時間は片づけをする時間ではなく、経過していく年月というイメージです）。

まず最初はほとんどの方は、部屋に物がない0の状態からスタートすると思います。引っ越ししたり、家を建てたりして、何もない部屋から生活を始めても、次第に物やゴミが増えていきますよね。

埃も髪の毛も落ちてくるし、郵便受けにはいらないチラシが入ってきます。なので、片づけをしなければ、自然にグラフは右上がりの直線を描いていきます。

リバウンドの仕組み

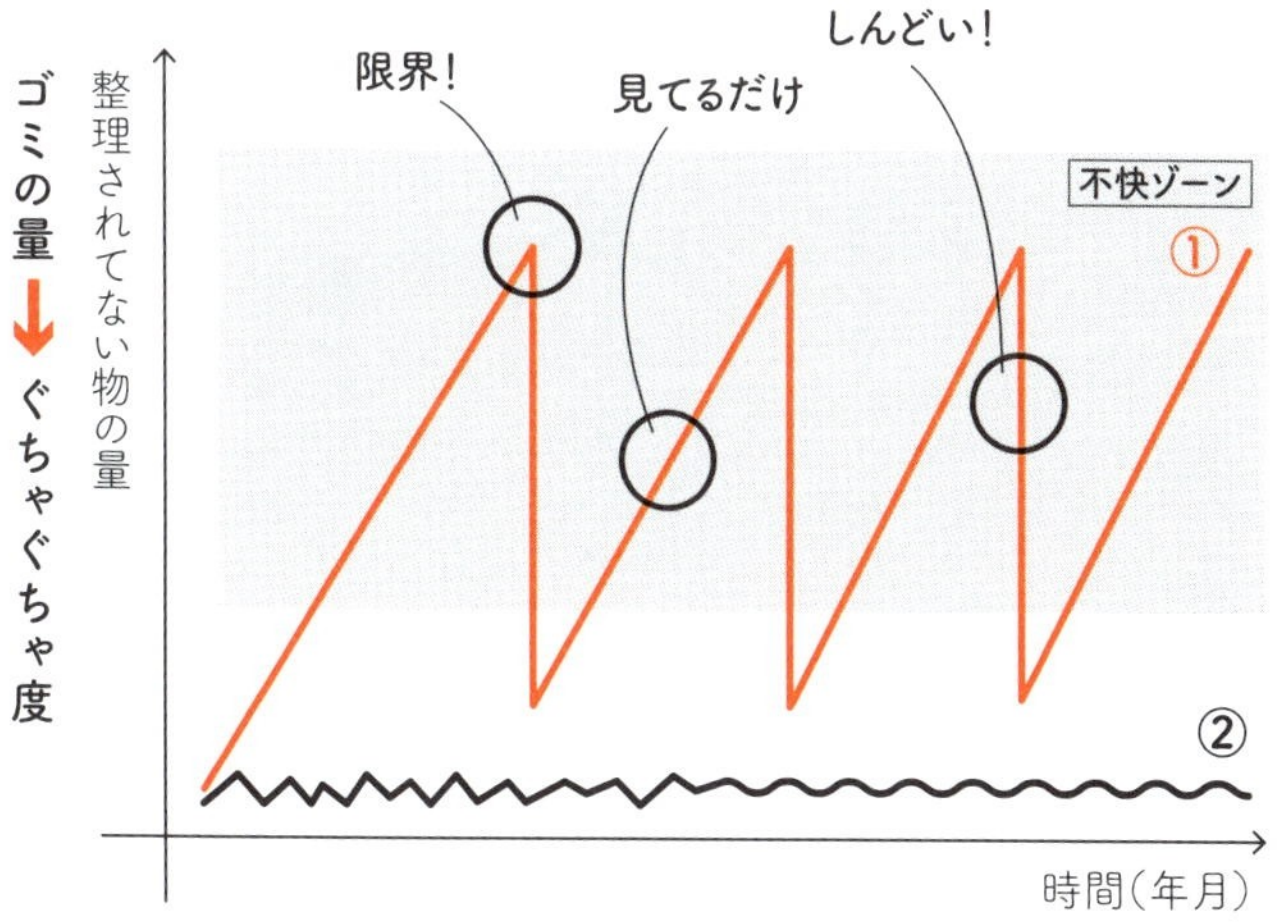

線①のグラフを見てください。これが片づけの苦手な方のグラフです。

片づけが苦手な方の多くは、部屋がかなりごちゃごちゃしてきてから「もう限界！　いい加減片づけしないといけないわ！」なんて思って、そのタイミングで頑張るケースが多いんですよね。

上まで行ったグラフをグッと下まで下げようと思ったら、かなりの労力と時間がかかりますよね。

すごーくしんどい思いをして、部屋を片づけなきゃいけません。

そして、「あー！　あんなにしんどい思いをしたのだから、しばらくは片づけのことなんて考えたくない！」って思うのです。

そんな経験をしていると、日々、部屋が散らかっていっても、「まだいいかな」「もうちょっと先でも」なんて気持ちになってしまうんですよね。

そして、また、「もう限界！」ってところで、どっと疲れるような片づけをする。

実は、この思考と行動の一連のサイクルが、リバウンドを繰り返す仕組みなんです。溜《た》めてからやるから、やる時はすごくしんどいし、しんどいからこそ、しばらくやりたくなくなっちゃうんですね。

「そう言われても、そりゃ毎日、片づけをやったらいいのはわかっているけれど、時間もないし、それができないのよーー！」と言いたくなるかもしれません。

でもね、諦めることなかれです!!

私もずっと心の中でそう叫んでいたんですが、行動できる秘密に気づいたんです!!

もう一度P.99のグラフを見てください。②が毎日片づける人のグラフです。

毎日、行動している人は、1回の行動量がものすごーく小さいんですよね。

YouTubeなどに出てくる、片づけが大好きな人や片づけが趣味みたいな人は、かなりの行動量をこなしているかもしれませんが、忙しいはずなのに、部屋がスッキリしている人って、「負担に感じない軽い行動」を毎日淡々と繰り返されているだけなんです。

そして、その行動の積み重ねによる、トータルの行動量は①のグフフの人（片づけの苦手な人）と変わらないかもしれませんが、毎日、分割していることで、「しんどい！」「大変！」と感じないし、少ない労力と時間でいつもスッキリを保つことができるんです。

私は昔、いつも部屋がきれいな人に「すごいなー！　片づけしっかり頑張ってるんだねー！」と言ったことが何回かあります。そしたらみんな「何も頑張ってないよ。そんなにやってない、やってない」なんて言うんですね。

以前は、その言葉をただの謙遜なのかなぁって思っていたんですけど、仲良くなって、もっと深く話していくうちに、本当にそんなに頑張っている感じではないんだと思いました。部屋がスッキリしている人達は、片づけに対するイメージが違っているので、小さく行動できる仕組みを持っていることがわかりました。

話をグラフに戻しますね。グレーの「不快ゾーン」を見てください。

部屋がごちゃごちゃしていて、不快だなぁと感じる物の量がこの辺りだとします。
①のグラフの人と②のグラフの人の片づけのトータルの時間と労力はほとんど変わらないかもしれないのに、①のグラフの人は、ほとんどの時期を不快だと感じるゾーンにいるのに対して、②のグラフの人は、不快だと感じるゾーンには全くいないんですね。

気づきましたか？

もう一度言わせてください!!

トータルの労力はあまり変わらないのに、①の人はほぼ、ずーっと不快で②の人はずーっと快適なんですよ!!


私はこれに気づいた時、愕然としました。

「①のグラフの私、損やん!!　そんなの嫌やーーー!!」なんて叫びたくなりました。

かつての私と同じタイプの方、よく聞いてくださいね。ここ、とっても大事です。言いますよ。

「グラフが直線に近づけば近づくほど、ずーーっときれいな部屋をしんどいと思わずに実現することができます」

逆に言うと、①のグラフを続けていれば、きれいな部屋を実現しても、それを楽に維持し続けることはきっと不可能なんですよね。

では、①のグラフから脱するためには、どうしたらいいのか知りたくありませんか。

「きっと、大変そう。しんどそう」

そんな言葉を言いたくなるかもしれませんが、「今までの常識」を取っ払って聞いてくださいね。軽〜く、楽〜に頑張らなくてもうまくいく仕組みがあるんです！

次のページから、それをお話ししていきたいと思います。

頑張らなくてもうまくいく、リバウンドしない片づけの世界に一緒に行きましょう〜♪

まずは、片づけは「頑張っちゃったらリバウンド」と覚えておいてください。

2 脳にバレないように片づけるコツ

魔法の言葉

「脳を騙して
魔法使いみたいに動いてやるぞ～」

頑張らなくても、気がついたら片づけができちゃっている♪

そんな夢のようなことが起こったら、まるで魔法使いになったみたいですよね！

でも、現実にそんなことが起きるんです。

私も生徒さん達も、脳を操って行動を変えると、頑張ってもできなかったことが、頑張らなくてもできるようになって、魔法みたいだなぁなんてよく話しています。

そのためには、まず今のリバウンドを繰り返すパターンを変える必要があります。

リバウンドを繰り返さないためには、先ほどのグラフを直線に近づけていくのが大事なんですが、それにはまず、今までのあなたの中の「常識」や「思い込み」を見直す必要があるんです。

「片づけってしっかり時間をとってやらないといけない大変なもの」と思っていたら「今は時間がないし、もっと余裕がある時にやろう」と先延ばしにしたくなりますよね。

「最近、ちょっと疲れているから、もう少し元気がある時にやろう」なんて考えていたら、部屋がごちゃごちゃしていても、ずっとただ見ているだけになりがちです。

心当たりありませんか？

行動するかしないかは、実は、やる前から全て「思考」で決まっているんです。

逆に言うと、「思考」を変えれば、行動を変えるのは簡単なのです。

じゃあ、どう「思考」を変えていったらいいのか。それは、「片づけは大変だから、しっかり時間をとってやらないといけない」を「片づけは楽だから、気軽にちょっとだけやればいい」と思ってみてください。

頭の中で何度もそうつぶやいていると、小さな行動をしようと思えるようになってきます。

これを言うと、「でも、こんなにたくさんの物で溢れているのに、そんな小さな行動に意味があるの？　私の部屋はそんなんじゃどうにもならないわよ!!」と言いたくなる人も多いでしょう。

でもそう言ってこの本を閉じてしまうと、一生、今の行動パターンは変わらないんです。

私は、本書が少しでもあなたの行動が変わるきっかけになってほしいと心から望んでいます。

なので、そう言いたくなったら、ここが踏ん張りどころ。

「でも」と言いたくなるのを抑えて、ちょっとこの考え方を一旦、受け入れて読み進めてみてくださいね。

もちろん、大掃除をしてはいけないとは言っていません。大掃除をするにしても疲れるほどするのはやめて、「しっかり大きく行動する」という仕組みとは別に、「小さく軽く動く仕組み」を取り入れていきましょう。そうしていくことがリバウンドせずに、きれいを保つ未来に行く近道なのです。

そして、この「小さく軽く動く仕組み」のことを「習慣」と言います。

あ！　今「習慣なんて、私には無理ー!!」と思った人、多いんじゃないでしょうか。「今まで三日坊主で、何も続いたことがない私が習慣になんてできるわけない!!　習慣が作れる人なら、そもそも、もう片づいてるわ!!」そんな風に叫びたくなる人もいるかもしれませんね。

わかりますとも。私もそうでしたもん。

でも、ちょっと聞いてくださいね。

実は、今まで習慣にできなかったのには、完璧主義で、物事を大きく捉え、行動をつい大きく設定する思考の癖があったからかもしれません。

「今日からこれを習慣にしよう！」と思ったら、つい私達は張り切って、欲張って、大きな設定をしようとするものです。家の隅々まで掃除機をかけようとか、窓を全部拭こうとか、結構な重労働を設定していませんでしたか？

それがうまくいかないのは、脳の性質にあります。

私たちの脳は大きな変化を嫌います。
だから、張り切って最初に設定した大きなタスクを、大きな変化と捉えて、拒否しようとするんですね。

2日目くらいまでは、なんとか勢いや気合いでできたとしても、3日目には、その大きな設定を大きな負担に感じて、「あーしんどい。大変だな」とイメージしちゃった結果、今までと変わらない行動に戻ろうとするんです。

つまり、張り切りすぎていることが変化を嫌う脳にバレて、拒まれてしまっていたから続かなかったということなんです!!

あなたが怠け者だからじゃないんです。

ただ脳にバレてうまくいかなかっただけ。

なので、考え方から根本的に変えて、小さい行動設定をすることが三日坊主を脱する鍵になるんです。

人生の途中まで、三日坊主どころか、一日坊主だった私も、「何か私にできるヒントがあるはずだ!」と思い、散々色々試していった結果、この考え方に辿《たど》り着きました。

「小さく動くことにこそ意味がある」

「脳にバレないように行動を設定する」

この2つのポイントを押さえて習慣を取り入れた結果、みるみるお部屋の状況が変わっていき、リバウンドしなくなりました。

そして、習慣の効果に驚きました。

習慣って、脳の無意識に近い部分を使って行動するので、「しんどいなぁ」とか「大変だなぁ」とかいう「感情」をほとんど通さずにできるんです。

これって、すごいことだと思いませんか?

感情を通さないということは、気分や体調に左右されるということがほぼなく行動できます。


毎日歯磨きがしっかり習慣になっている人は、「今日も歯磨き、しんどいなぁ」なんていちいち考えず当たり前に、体が動いて歯ブラシを取りに行っていると思います。

それが片づけにも応用できるんです。

ほぼ無意識で、軽ーく毎日の片づけができたら魔法のようだと思いますよね。

私の講座では脳を騙して作る習慣のことを「魔法のルーティン」と呼んでいます。


実際に私も、テーブルに出ていた物が知らない間に片づいていて、家族の誰に聞いても片づけていなくて、「私が無意識でやっていたんだ!」って思うことがよくあります。

そういう時「私ってできる女やん♪」なんて気持ちになって、めちゃめちゃドヤ顔したくなります（笑）。

私はこの魔法のルーティンのおかげで、人生が変わりました。

だって、頑張ろうと思っているのにできなくて、夫に怒られて惨めな気持ちだった私が、今は頑張らなくても片づけられて、夫にドヤ顔できるようになったんですから。

そして、この仕組みはその日の気分や予定にほぼ左右されずに、毎日気軽に取り組んでいけるので「できる」がどんどん蓄積されていき、自己肯定感が爆上がりします。

また、習慣の作り方がわかると、片づけ以外のあらゆることにも使えます。

仕事や勉強など色んなことができるようになって、今では会社まで経営するようになりました。

生徒さん達も魔法のルーティンの力で、「頑張っていないのに部屋がずっときれいですごく不思議なんです！」と驚かれ、この方法の虜《とりこ》になられる方が多いんです。

あんなに頑張っていても片づけができなかったのに、頑張っていなくても気がついたらできている！　こんな夢のようなことが本当にあるんです。本当に習慣の力って魔法なんです!!

さぁ、あなたも張り切ってこうつぶやいてみてください！

「脳を騙して魔法使いみたいに動いてやるぞ〜」ってね。

一緒に魔法使いみたいになっていきましょう。

魔法のルーティンの詳しい作り方は後ほどお伝えしますね。

3 習慣を作る魔法の言葉

魔法の言葉

「中途半端上等
（今日はこれくらいにしといたるわ）」

ここでは、気軽に動けるためのキーワードと考え方をお伝えしますね。
「完璧主義」が気軽に動けない仕組みを作り、先延ばしや、リバウンドの原因になることをお話しししました。その思考を緩めていくために、大切なポイントがあります。

それはズバリ！　「中途半端を意識する！」です。

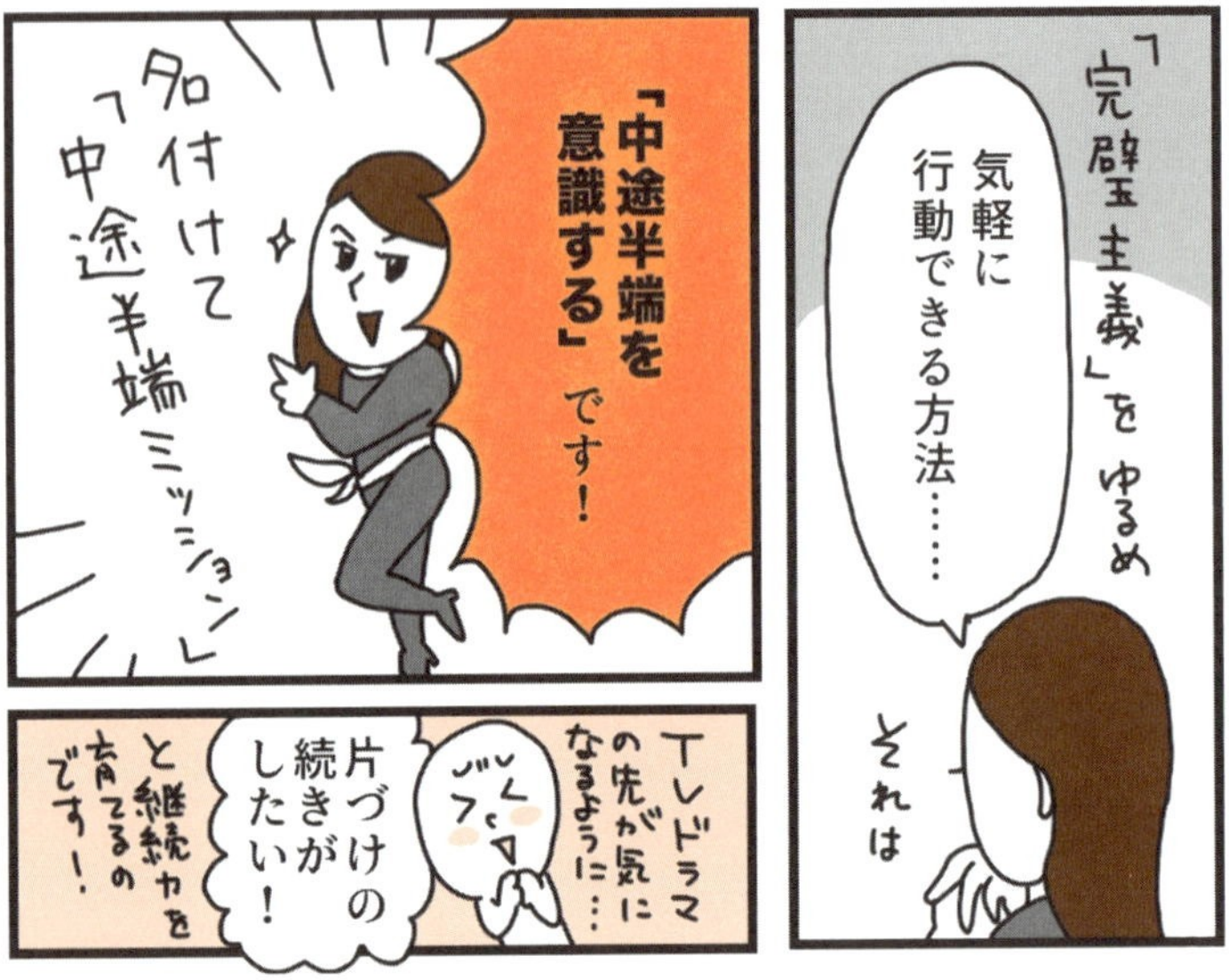

「えー!?　中途半端なんて、気持ち悪いんだけど！」そう言いたくなったかもしれません。あ、そんな人ほど、きっと完璧主義になっています。

あなたは、もしかして、中途半端が悪いことだと思ってきませんでしたか？

片づけを頑張っても、思った目標まで到達できずに「あーあ、また中途半端で終わっちゃった」なんて肩を落としてきたり、中途半端になっちゃったことにダメ出ししたりしてきませんでしたか？

中途半端はとっても嫌われ者です。

でもね、多くの人が嫌いな「中途半端」と仲良くなることで、驚くほど、軽く動けるようになるんです!!

例えば、不要な洋服がたくさんあるから「時間をとって、ちゃんと、必要な物とそうでない物を分けないと！」と思っていませんか？

特に片づけに苦手意識がある人なら、スマホをダラダラ見る時間はとれても、楽しくない片づけに費やす時間はとりたくないと、心の奥で思っているので、「時間をとってちゃんと」は重い足枷になっているんです。

そんな仕組みを変えるためには、「中途半端」に行動するんです。
着替える時に、必要ないなぁと思った服が目についたら1枚だけ処分する。
5分だけ中途半端に掃除機をかける。
そんな感じでわざと、しっかりやらずに軽く動く仕組みを作っていきます。

私の講座ではこれを「中途半端ミッション」と呼んでいます。

最初は「気持ち悪い！」と思われる方が多いです。だから、練習が必要なんです。

中途半端に軽い行動をして、中途半端に終えたことにダメ出しするのではなく、「まだ他はこんなにできていない！」なんて残りに注目するのでもなく、「よくやった私！」「行動できた私！」と自分にしっかり労《ねぎら》いの声をかけてあげるんです。

これができるようになると、片づけなきゃと思っていても、鉛のように重く動かなかった体が軽くなってくるんです。

そして、中途半端ミッションには片づけを継続するための大事なエッセンスが詰まっています。実は、中途半端に終わると、私達の脳には続きが気になっちゃう性質があるんです。

あなたも経験ありませんか。たまたま観《み》たドラマが最後、すごく中途半端なところで終わってしまって、続きが気になりすぎて、来週まで待てない!! なんて悶々としたこと。あれがまさに、中途半端で続きが気になる効果なんです。

私はこの効果のせいで、中国や韓国の歴史物のドラマを１００話ぶっ続けで観るハメになり、ほんと大変な時がありますす（笑）。

片づけにもその仕組みを利用していくことによって、「続きがやりたい！」と思えて、継続して行動していく力が育っていくんです。

今まではむしろ逆をやっていませんでしたか？「完璧にやりきろう！」と頑張って、すごーーく疲れて、続きが気になるどころか、「しばらく片づけのことは考えたくない！」なんて思っちゃう。そんなことを繰り返してきませんでしたか。

前の項で言っていた、リバウンドのグラフの線を変えるには中途半端と仲良くするのが大事なんです。

私は中途半端が大好きです。

仕事も勉強も中途半端ミッションを取り入れることで、うまくいくようになりました。

そして、中途半端が魅力的なのは、人も同じだと思っています。

私達はつい完璧な人を目指そうと頑張りがちですが、完璧な人って近づきにくくないですか。

例えば、相手に、ちょっとおっちょこちょいなところがあったり、少しネガティブなところを見せてくれたりすると、完璧じゃないところが人間らしくて、親しみやすくて、ほっこりしませんか。

人とのコミュニケーションも、自分のできる部分ばかりを頑張ってアピールするよりも、できない部分や弱い部分を少し出すことで、距離が近くなり、円滑になったりします。

中途半端って魔法の言葉なんですよ。

ここまで読んでも、まだ中途半端に抵抗があるあなたに、おすすめのセリフがあります。

それは、中途半端ミッションをしたら（例えば、中途半端に一部だけ掃除機をかけたら）「今日はこれくらいにしといたるわ！」と言ってキメ顔するんです（笑）。

これは、吉本新喜劇で池乃めだかさん（「小さいおっさん」として有名な方です）が、大きなことを言ってチンピラにボコボコにされた後、格好つけながら、キメ顔して吐く、捨て台詞《ぜりふ》なんです。

変わろうと思ったら、なんかソワソワして気持ち悪かったり、もう一人の自分が頭の中で「恥ずかしいよ！」って馬鹿にしてきたりして、やめたくなったりしませんか？　私は変わろうとチャレンジする自分を馬鹿にしないと自分と約束したんですよね（これって実はとっても大事なことです）。

そして、本気でやってうまくいかなかった時に落ち込んだりもしたので、「楽しくゲームしてるんだよ♪」って感じでやることに決めたんです。

ゲームなら、うまくいかなくても、失敗しても、またリセットしてやり直しできるでしょ。そんな軽い気持ちを意識したら、色んなチャレンジができるようになりました。

この「中途半端ミッションからの～池乃めだか」も、なんだか我ながらアホらしくて、笑えてきちゃう。クスッと楽しくなったら、脳がまたやりたくなるんです。ばかばかしいくらいがちょうどいいんです。

もう一つ、中途半端ミッション、おすすめのセリフは、お掃除用のシートで家をちょっと掃除して、クルッと埃の面を確認からの「とったど～！！！」これは、ココリコの『いきなり！黄金伝説。』という番組でよゐこの濱口優さんが、無人島で魚をモリで仕留めた時の雄叫《おたけ》びのような決め台詞。

中途半端に少ししか埃取っていないけど（笑）、あえてそれを大袈裟《おおげさ》に誇示して喜んでドヤ顔！

（心の中で言ってもオッケーです）

ふざけているようですが、これをやることで、私は本当にしっかり成果を認識できて、脳に報酬をあげられて、中途半端なちょこちょこ掃除が続けられるようになったんですよね。

「とったど〜！」を心の中で言っては一人でこっそり喜んで、そんなアホな自分も笑えるなぁって思えて、気がついたら毎日掃除をするようになっていました（笑）。

眉間にシワ寄せて掃除をしてたら、楽しいわけがないですからね。

脳は気持ちいいこと（楽しいこと）と成果を感じることしかやりたくない。

ゲームを楽しむ気持ちで、中途半端な小さな行動をすごく喜んでいきましょう。

4 三日坊主の最大の理由

魔法の言葉

「張り切りすぎが脳に拒まれてたんだ〜！

私の性格じゃなかったのか〜！」


あなたは自分を三日坊主な人だと思っていませんか？　片づけが苦手な方でそう言われる方は多いです。

私も以前は三日坊主で、何をやっても続いたためしがありませんでした。

片づけに関してもそうで、家を新築した時にも最初は「週に2回は家の隅々まで掃除機をかけよう」とか、「週に1回は窓ガラスを拭こう」とか思っていたんですが、ほんの数回しか実現しませんでした。

そして「やっぱり私って、思ったことがちゃんとできないんだなぁ」と自分に呆れていたんですが、ある時、どうしてできないのかなぁと考えるようになりました。

それまでは、ただ自分が「三日坊主な人間だからだ」と自分の人間性に問題があるんだと思っていたのですが、もしかしたらそうではなくて、今の私の中に、何かうまくいかない仕組みがあるのかもしれないと思ったんです。

そうすると、わかってきたことがありました。どうやら、何かを続けたいと思った時に、私はつい欲張っちゃう癖があって、大きな行動設定をしているから、その結果、しんどくて続かないんだなぁと思ったんです。

例えば、先ほど挙げた「週に2回は家の隅々まで掃除機をかけよう」は、思いついた時には、ノリノリな気持ちだったのですが、次に行動する時には、その目標がすごくしんどいなぁって感じていたんです。

我が家にあるコード式のサイクロン掃除機は、1、2階と階段を移動するには重く、コードも度々差し替えないといけません。

その行動をイメージするだけで、もう大変そうと思ってしまって、やる前から「そんなしんどいことするの嫌だ！」と思っている私がいたのです。

あなたも経験ありませんか？「今日から続けてやろう！」と思うことがあったら、つい張り切って「せっかくだからやるならここまでやりたい！」「これくらいやらないとやったうちに入らない！」なんて結構な負担になるタスクを設定すること。

実は、その欲張りタスクが、冷静になった次の日には、私達に重くのしかかって、結局、動けなくなっちゃうんです。

私達の脳はとにかく変化が大嫌いです。今までと同じが安全だし、変わらない方がリスクが少ないので変わらないようにするんですよね。

そんな中、突然、今までの生活と全然違う大きなタスクが入ってきたら、脳はびっくりして拒みたくなるんです。

それは「大変そう。やりたくない」って気持ちになって私達の意識に表れます。

なので、あなたが三日坊主だったのは「ズボラな続かない人間だから」ではなくて（つまり、あなたの人間性には関係なくて）、脳に拒まれる設定をしていたからなんですよね。

もしあなたにも心当たりがあったら、ちょっとこの言葉を叫んでみてください。
「張り切りすぎが脳に拒まれてたんだ〜！　私の性格じゃなかったのか〜！」(笑)

だからあなたも、脳に拒まれないように、気づかれないように、最初はできるだけ小さく行動を設定していくことで「続けられる人」になれるんです。

そんな小さな行動くらいでは、いつまで経っても片づかないと言いたくなるかもしれません。でも家の中にある物は有限です。今全く行動できていない人なら0を1にするだけで、確実に目の前の状況は変わっていきます。

そして、時には部分的に大掃除をする必要もあるかもしれませんが、毎日、ポストにはチラシが入り、埃や髪の毛は落ちていくので、日々、行動を継続する仕組みは、片づけをする上ではとっても大切なんですよね。

最近、ＹｏｕＴｕｂｅでは、朝の片づけ・掃除の習慣を公開した「モーニングルーティン動画」が人気です。

習慣初心者さんがそれに憧れて、そのまま真似《まね》ても1日で撃沈して、落ち込んじゃうかもしれません。いきなり達人と同じ行動は無理なんです。
習慣は最初は小さく設定して、少しずつ少しずつ時間をかけて育てていくようなものなんですよね。

忍者が木の苗を植えて、上を飛び越す修行をしていくと、木の生長に合わせて、少しずつ筋力が養われてきて、やがて大きな木の上を飛び越せるようになるという話がありますが、習慣もまさにそんな感じのものなんです。

最初は物足りないくらいの小さな行動だったのが、やがて大きな行動がスルリとできるように成長していきます。
そんな未来を楽しみにしながら、小さな小さな行動にチャレンジしてみてください。

5 いい習慣を身につけるにはタイミングを味方につけよう

魔法の言葉

「○○したら××タッチ」

今まで三日坊主だった人が、簡単に習慣が身につく方法があります。ここではその秘密の方法をお伝えしていきます！

でもその前に、もう少しだけ、脳を騙す習慣の仕組みについて大切なことをお話ししておきますね。

習慣を身につけたいなら、まずは小さな行動設定をするのが大事だと言いました。

実は、もう一つ重要なことがあります。それは「いつやるか」ということです。

多くの人は、その日たまたま暇だった時間に、「今日からこの時間にこれをやろう！」と決めたり、いつもダラダラしている時間に新しい習慣を組み込もうとします。もしくは、どの時間やタイミングで習慣をやっていくかを全く考えず、とにかくやることだけしか決めない人も多いです。

でも実は「いつやるか」を決めることが、三日坊主になるかならないかの大きな分かれ道なんです。

逆に、いつやるかを設定せずに、「いつでもいい」ということにしておくと脳には大きな負担がかかります。なぜならそこには「決断」という大きなタスクが生じるからです。

スティーブ・ジョブズが仕事で大切な決断をしていくために、毎日着る服は同じ物にして「決断疲れ」をしないようにしていたのは有名なお話ですが、何かを選ぶというのは、想像以上に神経を使っているものなんです。

それは、片づけに対しても同じです。いつのタイミングでやるかが決まっていないということは、大袈裟に言うと24時間↓８６４００秒の選択肢の中から「今だ！」という決断をしないといけないということなんです。

しかも、やることの内容や量が決まっていなかったら「何をする？」「どれだけする？」という決断、「これをどこに片づける？」「捨てるか捨てないかどうする？」という決断など、片づけは決断だらけですよね。一気にたくさんの決断をすることは、私達には大きな負担になるんです。「片づけをやり始めてもすぐ疲れちゃう」という人も、決断による負担がしんどいからなんですよね。

なので、「小さな決まった行動を決まった時間にやる」という仕組みを持つことが何より大切なのです。

私もこのことを身をもって経験してきました。

私は、新婚当初、専業主婦になって子供もまだいなかったので、時間が有り余るほどありました。

当時、夫は仕事で毎日朝の7時に出かけ、帰るのは夜中の12時頃だったので、「1日のほとんどが私の自由時間！」と最初はすごくテンションが上がっていました。「まるで夢のようだわ〜♪」なんてお調子者の私は有頂天になっていたのですが、驚くことに、人生で一番ゆとりがあったこの頃が、私にとっては一番、やりたいことを全然こなせず、体調も悪く、何をやってもうまくいかない時期でした。

まず、朝、夫を見送って2度寝して、3度寝して、昼頃に起き、ダラダラテレビを見て過ごして、次のCMになったら、山になっているシンクの洗い物に取りかかろうと思っているのに、また先延ばしにしてしまう。結局、朝ご飯の洗い物が夜になっても山のまま。そんな毎日でした。

そんな私も、会社員として働いていた時は、朝もちゃんと起きられていたし、与えられた仕事はそれなりにテキパキこなしていたんです。なのに、どうしちゃったんだろう、と当時は戸惑っていたんですが、今ならわかります。

たくさんの自由な時間の中で、どのタイミングで行動をやり始めるか、という「決断」をするというのは、思っている以上に難しいことなのです。

今やると損な気がして、つい先延ばしにしちゃう。

その結果、逆に自分の首を絞めることになって、苦しくなっていたんです。


なので、私と同じように「先延ばし癖」が強い人、ぜひ「やるタイミング」を「毎日同じ時間にする」ということを実行してみてください。タイミングを「決める」必要がなくなると、決断による疲労がなくなり、パワーを温存できて、気持ちよく行動ができるようになります。


また「このタイミングにやる！」という設定は、いつもソファでくつろいでいる時間やスマホを見ている時間などに設定することはおすすめしません。

車を想像してみてください。止まっているところからエンジンをかけて動かすには、結構エネルギーが必要ですよね。でも、動いている車が緩やかな坂道を下っていく時には、ほとんどパワーが必要ないと思いませんか。

人も同じです。

くつろいでいる時は、心や体がオフモードになっているので、そこからタスクをこなすのは、エンジンを吹かすように起動するパワーが相当必要になるんです。なので、やりがちな「次のＣＭになったら動こう」はかなり難易度が高いことだったんですよね。

それよりも歯磨き、化粧、ご飯を食べている時間など、すでに習慣になっていることの後にくっつけるのが一番おすすめです。

そして、ここまで説明しても、小さな行動がまだまだ欲張りで大きなケースが多いです。そこで、もっと小さくを意識してもらうために、こんなキーワードで習慣を作ってもらっています。

「○○したら××タッチ」

「○○したら」の○○のところには、「歯磨きしたら」とか「コーヒー飲んだら」など直前にやってることとの行動を入れてください。そして「××タッチ」のところには、やりたい行動の最初のアクションを入れてほしいんですけど、それもできるだけ小さいイメージにして、脳にバレないようにしていきます。

「リビングに掃除機をかける」では、習慣初心者さんにとっては「大変そう」「今日はそんな時間はない」など、「無理だ！」というイメージに繋がりやすいんですね。

そこをもっと小さく「みじん切り」にしましょう。掃除機にタッチするだけでいい。フローリングワイパーにタッチするだけでいい。それならできるかもと脳はうっかり騙されてくれます。そして、最初は本当にタッチの練習だけでもいいんです。そして、タッチしたら、案外もう少しやってもいいかなぁなんて思えるものです。

さぁ、せっかくなので、今「○○したら××タッチ」を決めてみてください！

実際に行動を決めてやっていくのが大事ですからね。シンキングタイムです！

○○と××に言葉は入れられましたか？

こんなに簡単なことでいいの？　って思える言葉が入っていますか？

そう思えない。しんどそう。と思ったら、うまくいきません。

習慣初心者さんは一度でうまくいかないこともあると思います。私達の超高機能な脳は、大きな変化を嫌うので、タスクが大きすぎたり、やるタイミングが脳に拒まれていないか様子を見ながら微調整していく必要があります。

すぐにうまくいかなくても、諦めずにどうか何度もチャレンジしてほしいなと思います。諦めなかったら、魔法使いになれる日がやってきますからね。

6 美しい収納グッズを買ってはいけない理由

魔法の言葉

「美しい収納は戻しやすい収納じゃない。

欲張らず、まずは戻しやすさ優先で」


片づけを頑張ろうと思った時に、収納のことを考える人は多いですよね。

色々な物が完璧に無駄なく収納できたら、物で溢れたこの部屋もきっとなんとかなるだろう。きっと自分は収納が下手なんだ。収納を変えたらうまくいくに違いない。

そう考えて、ネットで収納の情報を調べたり、収納の本を買ったり、収納グッズを買ったり。中には収納の資格を取りに行く人もいます。

私の講座に来てくださる方も、収納系のあらゆる本を読んだり、収納の資格を何個も持っておられたり、高い収納グッズをいくつも買われた経験があったりと、収納のことで努力されてきた方がたくさんいらっしゃいます。

私もそうでした。

でも、実は残念ながら、世の中の収納の情報や素敵な収納グッズが、片づけの苦手な方には逆効果になってしまうことが多いんです。

まず、収納というキーワードでネット検索をかけると、白い箱が隅々までぴっちり整然と並んだような写真がたくさん出てきます。

とにかくスッキリ、スペースを無駄なく使える「完璧収納」と言えるような画像が連なるんですが、この美しくて隙のない収納を収納のゴールだと勘違いしてしまうことで、片づけがうまくいかないケースが本当によくあります。

なぜなら、美しい収納は使いやすい収納ではないからです!!

見た目を最優先にしてしまうことで、様々な動作負担が生じてしまって、結果、片づけが苦手な方には使いこなせない収納になってしまうんですよね。

例えば、収納を頑張ろうと意気込んだら、棚の高さや幅にぴったり合う箱を並べたくなりませんか？　同じ種類の箱が無駄なく並んでいる姿は圧巻で、それだけでテンション上がりますよね。

でも、そこに落とし穴があります。

例えば、棚の高さぴったりの箱を並べてしまうことで、引き出さないといけないという動作負担が生じます。もし、棚の高さに対して中途半端な箱だったら、ぽいっと隙間から放り込むこともできるかもしれません。

実はこの動作の違いは収納する上ではかなり大きな違いなんです。同じ箱が並んでいて、中身が見えないと、どこに収納するのかわかりにくくなったりもします。

また、物の一つ一つによって、使いやすい収納の仕方が違ったりもするので、最初に箱を並べてしまうことで、ある物にとってはよくても、別の物にとってはすごく使いにくい収納になってしまうんですよね。

こんな風に、見た目を最優先にしたら、使い勝手は二の次になるので、美しいけれど使いにくい収納ができるのは、当然のことなのです。


また、書類の収納に悩まれている方から、「ちゃんとファイリングしなきゃと思っているのに、つい溜まってしまって」なんてお声をよく聞くのですが、書類をポケットファイルなどに入れて分けて収納することは、かなり脳への負担がかかります。


こういった「動作」「迷い」「決断」がかなりの負担になって、私たちの高機能な脳は「しんどい！　やりたくない！」と拒みます。

なので、せっかくきれいな箱をたくさん買って、高いファイルも買ったのに、結局使えたのは最初のうちだけで、あとは、中身は空っぽのまま、全部部屋に溢れているという状態になってしまうんです。

きれいで完璧な収納や、きっちり、ちゃんと分けるものだという「完璧主義」を緩め、見た目を最優先するんじゃなく、自分に合った、自分に優しい収納を作っていくことが部屋をきれいに保つためにはとても大切なんです。

そう聞くと、「えー！　憧れのミニマリストさんや、収納コンサルタントさんはきれいな収納を上手に使いこなしているのに！」と言いたくなるかもしれません。

実際、隙のない美しい「完璧収納」を使いこなしている方はいらっしゃいます。

その方達は、例えば、きれいに収納することが楽しくて、たくさんの時間や労力を使える状態だったり、所有する物が少なく、収納に戻す回数が少なかったりと、元々の仕組みが違う場合が多いんです。

収納が趣味の方なんかは、負担がかかる難易度の高い美しい収納を維持するのは簡単なのですが、片づけの苦手な方達は、他にもやりたいことが色々あったりして、片づけにそこまで時間を使いたくなかったりもしますよね。

そんな方が収納が趣味という方と同じ収納方法にするのは、難しいものなんです。

でも、世の中は美しい収納の情報で溢れています。私も収納の本やネットには何度も写真を掲載していただいたことがあるのですが、本には使いやすい収納より、美しい収納ばかりが掲載されがちなんですよね。

私は使用頻度の高い物は片づける回数が増えるので、見た目を最優先にしない収納、使用頻度の低い物や、リビングの目立つ場所には、見た目に配慮した収納を作っているんですが、雑誌社さんから依頼を受けて、いくつか写真をお渡ししても見た目にきれいな収納しか掲載されません。

きれいな収納を見てる方が、みなさんテンションが上がるだろうし、本を売るビジネスとしてはそれも当たり前のことなのかもしれませんね。でも、そういった情報を見て世の中の人の多くは「きれいな収納」が「ゴール」だと思ってしまっているんですよね。

だから、そう信じる人がまた増えるという仕組みがあるんだろうと思います。

でも、残念に思わないでくださいね。見た目がきれいな収納を作ってはいけないわけではありません。

片づけの習慣が身についてきたら、難しい収納方法にもトライできたり、しょっちゅう使わないような使用頻度の低い物には、見た目を最優先にした収納を使ったりすることもできるようになります。

自分のレベルや物に合わせて、収納方法を考えていく力を養いましょう。

その方法は後ほど、３章でお伝えしていきますね。

「美しい収納は戻しやすい収納じゃない。欲張らず、まずは戻しやすさを優先で」収納を考えることを覚えておいてください。

7 片づけリバウンド防止の肝は〝洗濯〟

魔法の言葉

「洗濯関係はズボラすればするほど幸せになれる！」

片づけの苦手な方で、「いつもリビングに洗濯物が溢れているんです！」と嘆かれている方がいらっしゃいます。

忙しくて畳むことができなくて、取り入れた洗濯物がずっと山になっている方もいれば、なんとか畳むまではできても、それをタンスに収納することができなくて、積み上がった洗濯物の中から家族が各自の服を取っていくので、「せっかく畳んだ服が崩れてぐちゃぐちゃになって、毎日イライラするー！」なんて方もいます。

様々な家事の中でも、洗濯物のことで「今日もちゃんとできなかった。私ってダメね」と肩を落として、自己肯定感を下げている方がすごく多いんです。

私は、洗濯物の仕組みをスムーズにいくように整えることが、片づけがうまくいくかどうかの大きな肝だと考えています。

まず、洗濯物の山が処理できない方は、「洗濯物をきっちり畳む」という意識を取っ払ってみてください。

そして「引き出しにきれいに並べて入れなきゃいけない」というのも思い込みなんです。引き出しには前板があって、中の状態が見えないので引き出しの中は、そんなにきれいである必要がないんですね（透明の収納ケースで中身が気になる場合は白い厚紙などで隠すことをおすすめします）。

もし、あなたに時間がたっぷりあって、引き出しの中をきれいにしたいのであれば、洗濯物をきっちり畳んで並べても構いません。でも、ほとんどの人は毎日やらなきゃいけないことがたくさんあって、なかなかそんな風に時間がとれないですよね。

たまにテレビなどで、服をすごくきれいに畳まれている方や、引き出しに服を色別に並べられている方なんかを目にします。それはそれで気持ちいいことで、もちろん悪くはないんですけど、そこが全ての人にとってのゴールではないんです。

ゴールはあなたが日々快適に暮らせることであって、外から見えない洗濯物をきれいに畳むことではありません。

きれいにちゃんとやることは、とっても時間と労力がかかるものです。そこを目指したばかりに、なかなか時間がとれなくて結局、いつも洗濯物が山になっているなら、本末転倒ですよね。これも中途半端が大事なんです。

そして、洗濯というのはとても時間との関わり合いが深い家事の一つです。

夕方の忙しい時間に洗濯物を取り込んで、すぐに畳まなければいけないとなると、かなり負担がかかります。家族のご飯を作ったり、小さい子供の面倒をみたりしている人は、そちらの方が優先順位が高くなって、ついつい後回しになってしまうのも自然なことだと私は思います。

私は、できる限り洗濯物は畳みません。

一番楽なのは、ハンガーに干してそのままクローゼットに収納することです。

しかし、全てがそういうわけにはいかないですよね。吊《つ》るせる収納場所が少なかったり、パンツや靴下など、ハンガーでの収納に向かない物もあります。

でも自分の楽を大事にするために、できるだけハンガーで収納するスペースを優先的に確保します。

そして、そこにかけるのが無理な物の中で、きっちり畳まないとシワになってしまう物のみ仕方なく畳みます。

それ以外の物はふわっと丸めて「くるっとエアイン♪」と鼻歌まじりで引き出しに放り

込む（笑）。

パンツなんかはシワになってもいいし、よく穿《は》くパンツは引き出しの手前に置いておいたらきっちり並んでいなくても、出す時に捜すこともありません。

「ちゃんと畳まないと！」と思っていたら、時間がとれなくて、洗濯物の山ができて困ることはあっても、ちゃんと畳まずに収納することで困ることは、案外ないのです。

世の中の常識に振り回されず、「ちゃんと」を手放して、自分にとっての優先順位を考えてあげてくださいね。

「洗濯関係はズボラすればするほど幸せになれる！」を合言葉に、できるだけ自分が楽になる仕組みを作っていきましょう。

8
損得を入れ替えて先延ばし癖をやめる

魔法の言葉

「今やったら得！」


「やらなきゃと思っているのに、つい先延ばしにしてしまうんです」

片づけに悩んでいらっしゃる方がよく言われる言葉です。

シンクの洗い物や洗濯物を畳む作業、書類の仕分けなどの日々の作業の他、不用品を捨てることや、水回りのカビ取りなど、あらゆることを「やらなきゃ」と思い続けているのに、「あぁ、今日も結局、手が付けられなかった」と肩を落とす毎日はしんどいですよね。

そして、また次の日、朝目覚めた瞬間から「昨日できなかったこと、今日こそはやらなきゃ」と自分にプレッシャーをかけ、寝る前には「また、やっぱりできなかった」と残念な気持ちで眠りにつく。

そんな「できない負のループ」から何とか抜け出したいですよね。

そんな時に意識してほしい言葉があります。

それは「今やったら得！」という言葉です。

人の脳には「損得感情」が大きく働きます。

人はシンプルに「得だと思ったら行動する」「損だと思ったら行動しない」生き物なのです。だから、やらなきゃと思っているのにしないことは、脳が「今やったら損」と思っている可能性が高いのです。

私は、以前シンクにいつも山盛りの洗い物をほぼ一日中溜めていました。食器を洗うのが嫌いだったので、新婚当初から食洗機を使っていました。

でも、食洗機に入れることさえも面倒で、なかなかできなかったんですよね。

ご飯を作った後のフライパンや鍋も、大きな存在感で視覚的にプレッシャーを与えてくるんですけど、それでも私はなかなか動こうとはしなかったんです。

なぜならやっぱり「今やったら損」と思っていたからです。


料理上手な人は、ご飯を作りながら、使い終わった調理器具の洗い物を並行してこなしていって、料理ができ上がる頃にはシンクもスッキリしている。

そんな話を聞いたことがありました。それができれば、後は食べ終わった食器だけを洗えばいいから、随分楽なんだろうとは想像していました。

でも、私は知っていたけど、わかっていたけど、やろうとはしませんでした。

おそらく「今やったら損」と思っていたからです。


私は元々、料理が嫌いでした。小さい頃、料理を手伝ったら失敗して、いつも母親に怒られていたんです。

「料理の神様に見放されている女」と自分にキャッチフレーズを付けていたくらい、料理はうまくいったためしがありませんでした。

その後結婚して、夫は仕事で忙しいので、役割分担として料理を作らないといけないんだと覚悟を決めました（大袈裟かもしれませんが）。

でも、私はまだまだ小さい頃の心の傷が癒えてなかったのです。

「料理をした後、すぐに鍋を洗うなんて嫌だ！」って心の奥で抵抗していたんです。

「こんなに苦手なこと頑張ったんだから、早く休みたい！　ソファに座りたい！　やってやるもんか！　絶対今やるのは損だーーー!!」そんな風に思っていたんですね。

でも一方で、ちゃんとやらなきゃなぁって思っている自分もいたり、行動しない自分に呆れている自分もいたりして、やらない状態も私にとって、決して気持ちよくはなかったんですよね。

そこで、行動するためには損得を入れ替えて、「今やったら得！」と思考を真逆に変える実験をしようと思いました。

そこで、「得な理由」を色々考えることにしたんです。

例えば、鍋はまだ温かいうちの方が汚れが落ちやすいから今やるのが絶対に得。

今やったら「私やるやん！」って思えるから得。

今やったら後の時間を洗い物のことを全く考えずに過ごせるから得。など。

「今やったら損」を上回るような魅力的な「今やったら得」をたくさん見つけ、それを繰り返し意識して、自分の中で腑に落ちるようにしました。

そして、実際に「今やったら得」ですぐに行動できたら、大袈裟に「やっぱり得だったー!!」と成果を感じることにしました。

そうすると、あんなに重かった体が軽くなって、楽に行動できるようになったんです。

つまり私が行動できるようになったのは「今やるのが自分にとって本当に得なんだ！」と自分にしっかり教えてあげることができたからなんですよね！

周りに呆れられるくらい、先延ばし癖がひどかった生徒さん達から、「嘘みたいにすぐに行動できるようになって、家族に驚かれています」というお声もよくいただきます。

片づけたいと言いながら、心の奥ですねて、いじけて、「やりたくない！　損だ！」とヘソを曲げている小さな自分に気づいてあげてください。

実は、そんな自分に違う考え方を教えてあげたら、あなたもスルッと動けるはずです。

ずっとすねているのか、それとも、できる自分になって「ドヤ顔」するのか選ぶのはあなたです。

せっかくなら、これからの人生、いっぱい得して、ドヤ顔していきませんか。

9 あなたの部屋をパワースポットにする

魔法の言葉

「私は素敵な部屋に住んでいい人！って許可するぞー」

もしもあなたの部屋を、あなたの疲れを癒し、さらにエネルギーをチャージできるようなパワースポットにできたら素敵だと思いませんか？

私の癒しのお片づけ講座では、「あなたを大切にできる癒しの部屋」を具体的にイメージしてもらって、そこをゴールに設計しています。

なぜなら、ただ「片づけしなきゃ」と思っていると、片づけは「作業」や「タスク」というと苦しいイメージになりがちですが、その先にある自分が心から快適に過ごせる心地よい空間を具体的にイメージできたら、それが白きっかけになり「ソクワクする〜♪」「そこに行きたい♪」と自然に動くことができるからです。

たくさんの生徒さんと接する中で痛感したのが、一人一人、好きだと感じる物や、ほっとする部屋の雰囲気は全然違うということ。自分が満たされる空間って、一人一人違っていて、とてもオリジナリティがあるんです。

スッキリした白い空間が落ち着く人もいれば、ある程度物があって装飾的な雰囲気が心地よい人もいる。そこにはかなり個人差があるからこそ、誰かに勧められたものや流行《はや》りじゃなくて、自分の本音を見つけていくことが大切なんです。

部屋をパワースポットにすると言うと、「この方角にこの色の物を置くといい！」なんて風水をイメージされる方も多いのですが、人によっては、鮮やかな気に入らない色の物を置くことでテンションが下がってしまう方もいらっしゃいます（私はそういうタイプです）。

そうなるといくら「気」が良くなるからいいと言われても、自分の「氣（気分）」は良くならないですよね。
なので、あなたが見ていると気分が上がる物や、気持ちが穏やかになる物を置くことがあなたにとっての「気」が良くなるので、あなたのパワースポットを作るためにはとても大切です。

でも実は、そういった物を置くことに心理的なハードルがある方がすごく多いんです。

こんなことを言われていた生徒さんがいらっしゃいます。
「新婚当初は『部屋を素敵にして、片づけも頑張ろう！』って夢を描いていたんですが、実際に結婚してみたら、色々お金がかかって諦めないといけないことばかり。子どもも生まれて、毎日生活に追われ、気がついたら気に入らない物ばかりに囲まれていて。部屋のことなんて、もうどうでもよくなって、片づけのやる気もなくなりました」

そんな方が、片づけができるようになったのは、「自分の『好き』を見つけて、それを部屋に置いていいよ！」って自分に許可を出してあげられたからなんです。
その方は、夫のために、子どものために、自分を後回しにするのが当たり前になっていたけれど、私も自分の好きな物を買ってもいいんだ、それを部屋に置いてもいいんだ、と自分に許可を出して実行したことで、初めて片づけのやる気が芽生えてきたそうです。

自分の好きな物を置くと、気持ちが上がって癒される。それはわかっていても、そこに知らず知らず制限をかけている人が多いです。

特に女性は、大人になるにつれて「実用的な物」を好む傾向があって、例えば、好きな物を飾るくらいなら、そこに少しでも何かを収納した方が得だと考えている人も多いです。

私も今はリビングで色んなディスプレイを楽しんでいますが、以前はとても抵抗がありました。おしゃれな部屋にしたいと言いながら、おしゃれな人がしてそうな飾り棚に物を飾るという行為は、私には無理だと思っていたんです。

なぜなら、自分はそんなおしゃれな人間じゃないというセルフイメージがあったからです。せっかく頑張って物を捨てて、スペースを空けても、そこを空けたままにして何かを飾るのは素敵な人のやること。

「あんたはそんな人ちゃうやん。恥ずかしい。身のほど知らずやで」そんな言葉を自分にかけていたんですね。

そうして、苦労して空けたスペースには、1ヶ月後にはもったいなくて何かをまた持ってきてギューギューに詰めていました。

これじゃあ、パワースポットにならないですよね。

あと、こんな話をすると、よく「好きな物を飾ったり置いたりするのは、部屋が片づいてからでないとダメなので、まだまだ私はそんな段階じゃないです」って言われます。

これも、私はまだまだ素敵な部屋の準備をするのは相応しくない自分なんだというセルフイメージの表れです。自分はまだまだダメな人間なんだと思っていることで、そんな人としての行動を続けていくことになります。

将来、素敵な部屋に住んでいる素敵な自分になりたかったら、たとえ片づけがまだまだでも今の自分がすでに素敵が相応しい自分だと許可をして、行動していくことが大事なんです。

あなたもおしゃれな部屋に住んでいいんです。そして、あなたも好きな物を飾っていい。

「私は素敵な部屋に住んでいい人！　って許可するぞー」って自分に言ってあげてください。

言えましたか？

あなたの制限を外せるのは、あなただけです。何度も言ってあげてくださいね。

そして、まずは、小物一つでもいいし、お花一輪でもいいです。

何か自分の好きな物をいつも目につくところに置いてあげてください。

それが、部屋をただの生活の場所から、あなたを癒すパワースポットに変える第一歩なんです。

3章

軽く動ける
ようになる
魔法の言葉

「完璧にやらなくてはいけない」を緩めよう（小さな一歩）

魔法の言葉

「今日のアリの一歩は何？」

これから3章では、片づけのやる気を出して、軽く動けるようになるために、具体的な方法をお話ししていきます。

「片づけは時間をとってしっかりやらないと！」という意識が、動けない習慣を作っているということをお伝えしました。

2章では、そんな完璧主義になっている思考を「中途半端」を意識して緩めていくことが効果的だと言いましたが、もっと具体的に、行動に落とし込んで、動くきっかけを摑《つか》ん

でほしいと思っています。

そのためには、やろうと思っていることをできるだけ小さく「みじん切り（分割）」にして意識するのが重要なんです。

2章でも少しお話ししましたが、とても大切なことなので、ここでは最初にもう少し深掘りしてお伝えしますね。

「今日中に、あなたのおうちの玄関をきれいにしてください」

と言われたら、あなたは何を想像しますか？

玄関の掃き掃除や靴箱の拭き掃除、いらない靴を捨てたり、きれいに靴を並べたり、それ以外にも色々やることを思いついた方も多いかもしれません。

そして、たーくさんの「タスク」や「やるべきこと」がどっと出てきて、一気に気持ちがドヨーンとしんどくなりませんでしたか？

「大変そう」「疲れそう」「時間がかかりそう」「できるかなぁ」なんて暗い気持ちになったかもしれません。それが動けない仕組みになっていたりするんですよね。

私達は、やる前に「イメージ」する生き物です。

そしてその自分が作った「イメージ」によってやるか、やらないかを選択します。

「イメージ」の作り方には個性があるのですが、「完成までの大きなしんどいタスク」をイメージする人は、それで苦しくなって「嫌だ！　無理だ！」とブレーキをかけてしまいがちなんですよね。

なので、この思考の癖を持っている人は、イメージをできるだけ小さく、軽くなるように「前もってお膳立て」してあげることが、動くためには大切なんです。

一般的に、何かをやり遂げるためには、「どんなことをやるのか」「どんな工程でやっていくのか」を「順序立てて」考える必要があると言われていますが、片づけが苦手な人の多くは、順序立ててイメージするのが苦手で、「完璧に終わるまでの全体像」を「ドーン！」と一気にイメージしてしまうので、まるでテトリスのピースが一瞬で大量に落ちてきたかのように、やろうと思った瞬間に、「詰んだ！　無理！」って状態になり、気持ちの余裕がなくなってしまうんです。

　なので、心当たりのある方は、大変なイメージや全体像を考えずにわざと、小さい細部だけを意識して、「まず今何をするか」に集中する方が行動しやすいんですよね。

　例えば、色々やらないといけないことはあるけれど、「まず、玄関を掃くために箒《ほうき》を取る」ということだけに注目するんです。箒を「取る」だけなら、ほとんどの人はそんなに大変と思わないですよね。

「大きな大変なタスク」ではなく「小さな小さな最初の一歩の行動」をイメージすると、「動いてあげてもいいわよ（女王様風）」って気になってくるものです。

　やらないといけないことを、細かく細かくみじん切りにする感じで、「これぐらいならチョロ〜くできる！」という、軽い行動を自分のために見つけてあげてください。

これが考えられる癖がついたら、毎日嘘みたいに軽く動くことができますし、その毎日の積み重ねが、どんどん目の前の状況を変えていってくれます。

でも、それでもやっぱり行動できない、継続できない、なんて人もいます。

それはこんなに何度も「軽く」「小さく」と言っていても、今までの思考の癖で、まだまだ大変なことを設定しているというケースです。

生徒さんの中にも、実際に「何からやろう」と考える段階になると、どうしても欲張っちゃう方は多くいます。そして、やっぱり動けなかった、と、後日相談に来られたりもします。今までの思考の癖はなかなか根強いものです。

私の提案に「こんなに簡単なことを設定していいの？」なんて、ポカンとする人もいます。でも、最初は小さな子供でもできそうなくらい「チョロ〜い設定」にしておくことが、錆《さ》びついたスイッチをオンにするためにはとっても大事なんです。

私は「今日のアリの一歩は何？」って自分に問いかけるようにしてから、鉛のように重かった体が、嘘みたいに軽くなって、片づけも片づけ以外のこともするするできるようになりました。

「アリの一歩」だと負担に感じないですよね。でも、アリの一歩くらいのイメージで軽い行動を毎日積み重ねていけば、大きなことができていたりするんですよ。

あなたもぜひ「今日のアリの一歩は何？」って自分に聞いてみてください。そして、自分の答えを待ってみてください。続けていると段々考えるのも上手になってきますよ。

2 お風呂のカビには「中途半端ミッション」

魔法の言葉

「中途半端ミッションやろう♪」


あなたは「お風呂掃除」と聞いたらどんなイメージをもちますか？

大変そう。疲れそう。カビが気持ち悪い。濡《ぬ》れるから嫌。なんてネガティブなイメージをお持ちの方も多いかもしれません。

私も以前はそうでした。お風呂などの水回りは、水垢やカビが発生して、定期的に掃除をしないと衛生的に気になりますよね。

増えていくお風呂のカビ達に、掃除ができないことを責められているような気がして、浴槽に浸《つ》かっている時間も気持ちよく過ごせないなんてお話もよく聞きます。

放っておくと、どんどん汚れが溜まって落とすのが大変になっていくお風呂は、できればマメに掃除したい場所ですよね。そして、ここも「しっかり時間をとってお風呂掃除しないと！」と思っていることで、どんどん先延ばしになって、カビに侵食されちゃうので危険です。


それゆえに、私はお風呂こそ「中途半端に」「軽く」行動するのに最適の場所だと思っています。「中途半端ミッション」の練習場所として、お風呂を使っていきましょう。

お風呂の掃除も「みじん切りする（分割する）」のが肝です。

「分割する」ことでしんどいイメージが緩和されて、脳が騙されて行動しやすくなります。

お風呂の汚れは、大きく次のように分けられます。


浴槽の汚れ、排水口の汚れ、お風呂の壁の汚れ、床の汚れ。

これを一気に完璧にきれいにしようと思うと、かなりの時間と体力が必要ですよね。特にカビや水垢などをブラシでこすって落とそうとすると、かなり力がいります。
私は新婚当初、お風呂掃除を一気に頑張った時には、足や手がガクガクして、髪や体もあちこち濡れて、他に何もできないくらい疲れてしまいました。だから、お風呂掃除が大嫌いだったんです。

でも、毎日のように、中途半端に小さく掃除するようになって、しんどいと思わなくなりました。

お風呂掃除をみじん切りする（分割する）方法は色々ありますが、毎日、お風呂に入った時、体を洗う前に、床や壁に気になる汚れがあったら、そこだけブラシでこするという方法がおすすめです。根深い汚れじゃなければボディーソープや石鹸《せっけん》などで少しこすれば落ちるし、その後体を洗うので、掃除をしても気持ち悪い感じもありません。

毎日ちょこちょこやっていると、1回の掃除の量は少ないし、強力な洗剤を使わなくてもいいので、手荒れや換気を気にすることもない。時間的にも体力的にも、とても気軽に取り組むことができます。

そして、浴槽はお湯を抜いた後、こすらずに吹きかけておくだけで、ある程度汚れが落ちる洗剤を使うのが便利です。

こういった洗剤は、それだけで完璧に汚れが落ちるというのは難しいかもしれませんが、時には、部分的に手でこすったりも併用していくと、頑張らなくても、汚れが溜まらない仕組みを作ることができます（ここでも、中途半端でオッケーにすることがポイントです）。

床や壁などは広範囲にぬめりやカビなどの汚れが出てきたりして、日々のボディーソープのちょこちょこ掃除だけでは、汚れが溜まってくることがあるので、時々、お風呂に入っていない時間に、塩素系の洗剤（カビキラー）など洗浄力の高い物を使います。

そんな風に、洗うタイミングや場所を分割できていると、お風呂掃除で疲れるということが少なくなります。

お風呂の床の汚れが溜まってきたら、半分や3分の1だけ掃除するという方法もおすすめです。

お風呂の床を端から端まで掃除しようと思ったら、足が濡れるので、寒い冬は足が冷えるためつい億劫《おっくう》になりがちですが、中途半端に「半分」や「3分の1」だけにすると、掃除が終わったら、濡れている部分を「ひょい！」と飛び越えれば、靴下も濡れないし、体力的にも疲れないし、気軽にできます。

ボディーソープや塩素系の洗剤では落ちないお風呂の床の黒ずみが目立ってきたら、我が家は酢酸《さくさん》系の洗剤を使って落とします。吹き付けてしばらく置いておいたら、こすらなくても汚れが落ちるので楽ちんです（お風呂の素材によっては変色などもあるかもしれませんので、自己責任でお願いします）。

私が、お風呂掃除を中途半端にできなかった時は、カビが根深くなって、どんどん取り返しがつかない事態になっているように感じて、カビを見ながら恐怖に思っていました。お風呂のカビは「できない私」を象徴しているかのように感じていたのです。でも今は違います。「カビに追われている私」ではなく、「今日はどこを掃除してやろう！」と「カビを仕留められる私」になりました。このことは、今の私の自信に繋がっているように感じます。

あなたも、ぜひ、「中途半端ミッションやろう♪」を合言葉に、お風呂から小さく動ける自分を育てて、自信をつけてくださいね。

3 母親のタオルの使い方から卒業しよう

魔法の言葉

「お母さんみたいにできなくていい！」

スッキリした部屋に住みたいのに、うまくいかないという人の深層心理に、母親が影響しているケースがあることを1章でお伝えしました。

お母さんに言われた言葉が心の傷になってブレーキをかけている場合もありますが、お母さんの様々な「当たり前」を無意識に守っていることが、今の自分の快適な暮らしに合わないケースもよくあるんですよね。

ちなみにうちの母は、全然、家事をしてくれなかったし、私に強制もしなかったので、母の家事の常識というものは、私にはあまり受け継がれていません。一から試行錯誤していくのは結構大変ではありましたが、母の基準がなかったことは、振り返ってみると、大きなメリットでもありました。

生徒さん達の話を聞いて、「きっちりしているお母さん」「家事がよくできるお母さん」に育てられたために、日々苦しい思いをされている方がいらっしゃるんだということを知り、衝撃を受けました。

私は、家事をしっかりこなすお母さんを持つ友達を羨《うらや》ましいと思って生きてきましたが、なんでも一長一短、メリットとデメリットの両方が存在するものですね。

社会は変わってきています。

今50歳の私が子どもの頃は、出産後フルタイムで働いているお母さんが少なかったこともあり、専業主婦をされている方も今より多い時代でした。今、フルタイムで働いているのに、家事をやる基準は専業主婦だった母親の基準になっていて、毎日すごく苦しい。「できていない」とずっと自分にダメ出ししている方も多くいらっしゃいます。

時代も働き方も女性のあり方も、社会の常識も、色んなことが変わってきています。無意識に自分の中にある「お母さん基準」を見直して、「お母さんみたいにできなくていい！」と自分に許可をしてあげてくださいね。

その具体的な例として、タオルの使い方はぜひチェックしてもらいたい項目です。

私はハウスメーカーでインテリアコーディネーターとしてお客様と打ち合わせしている時から、タオルの使い方は家庭によって実に様々で、実家でのタオルの使い方を結婚してからも当たり前に引き継いでいらっしゃる方が多いんだなぁと興味深くお話を聞いていました。

例えば、大判のバスタオルを家族の人数分用意して、毎日洗うという家庭があります。4人家族だったら、バスタオルだけで毎日かなりの洗濯物の量になってしまいます。シーツやパジャマなど他の物も頻繁に替える場合、毎日何度も洗濯機を回さないといけなくなり、かなり大変ですよね。

私たちの生活は「日々の当たり前の習慣」でできているので、そこを見直さない限り、楽になることはないでしょう。

だからこそ、タオルなど、当たり前になっている物の見直しが重要なんです。

我が家では、ニトリのスリムバスタオルを使っています。幅は普通のバスタオルの半分で済むので、随分、洗濯物のかさが減り重宝しています。そして、お風呂上がりのきれいな体に使用するので、毎日は洗いません（私が今まで聞いてきた中では、毎日洗わない人も多い印象でした）。

夫は元々、実家の時から大判のバスタオルを使っていて、それが好きだったようですが、ある時、思い切って、スリムバスタオルに替えられないか相談しました。昔の私だったら

「私は夫にわかってもらえない」というセルフイメージを持っていたので、話すこともせず、諦めて不満を持ったまま暮らしていたと思いますが、「私もわかってもらえる人間だ」という新しいセルフイメージを信じて、話してみました。

そうすると「ちょっと試してみる」と言ってくれて、しばらくすると「これでいけそう」と承諾してくれました（あれから10年、夫婦の関係もどんどん変わって、今は夫が洗濯物を干してくれているので、洗濯物のスリム化を率先して実践してくれています）。

そして、タオルなどのリネン類は、使い方だけじゃなくストックの仕方の「当たり前」も、今まで考えたことがない方は一度チェックされるといいと思います。

例えば、バスタオルやシーツのストックや、もらい物のタオルで引き出しが埋まっているというおうちが多いようです。

もちろん、収納場所に余裕があればいいのですが、タオルはしっかり収納されているのに、毎日着る服は収納場所がなくてタンスの外に溢れているというおうちは、ぜひタオル類、リネン類を手放すということを検討してみてください。

例えば、バスタオルを毎日洗うご家庭だと悪天候の時には乾ききらず、その日使う物がなくて、ストックが必要な場合が出てくると思います。でも、天候が悪い時には洗わない。

天候が悪い日には乾燥機を使う。など別のルールを設ければ、バスタオルのストックは必要なくなります。シーツ類も同じです。

バスタオルやシーツはかさばるので、何枚もストックを持つことは日本の住宅事情には合っていないと言えるでしょう。

我が家ではバスタオルやシーツのストックは持たず、消耗したらその時に新しく買い換えるという方法にしています。

もちろん、ストックを持つことは「安心」だったり、毎日洗うことは「気持ちいい」ことだったり、メリットがあるからされている人もいらっしゃると思います。

物事にはなんでも「メリット」と「デメリット」がどちらもあるものなので、自分にとって「デメリット」があっても、「メリット」の方がより大事なものなんだと意識している場合は、それを優先しましょう。

でも、実家からの「当たり前」を意識せず続けていることで、毎日「デメリット」を受けている場合があるので、自分を苦しめている「当たり前」を見逃さず、自分にとって何が大切なのかということを考えて、選んでいくことが大事です。

そういった生活の一つ一つの調整が「自分らしく生きる」「自分を大切にする」という

ことに繋がっていくのではないでしょうか。

「お母さんみたいにできなくていい！」
あなたはあなたでいいんです。

4
大切な物は捨てなくていい

魔法の言葉

「私は本当はどうしたい？」

「私は物が捨てられないダメな人なんです！」そんな風に言われる方がよくいらっしゃいます。

「捨てるのが大切だ」という考え方は、ここ20年〜30年くらいで浸透した価値観と言えるかもしれません。

戦後の物がない時代から、高度経済成長で様々な物が手に入る時代になり、人々は、物があることが豊かだということを痛感し、家の中の物はどんどん増えていきました。

物不足の時代の反動で昭和に生きた人々は、たくさんの物を所有するのが幸せだと感じていたんですよね。そこから、経済が安定し、物が当たり前に手に入れられる時代に突入すると、人々は物をたくさん持つことには幸せを感じなくなりました。

たくさんの物を所有するよりも、自分にとって大切な物を厳選して持つのが豊かだと言われる時代になりました。そのように、時代によって物への認識は変わり、「豊かさ」の定義も全く変わってきたんですよね。

今の時代に生きる私達は、肌感覚で「今の豊かさの価値観」を感じ取っています。だから、物はそんなに必要ない。捨ててスッキリする方が快適で豊かだと感じているんですね。

なので、物を捨てたいと思うことは、今の時代に生きる人達にとってとても自然なことです。

でも、一方で母や祖母の時代の「物は捨ててはダメ」「物は捨てたらもったいない」という価値観も植え付けられているので、そのギャップに苦しんでしまう人が多いんです。

そして最近は、「物を捨てる方がいい」という価値観が誇張されすぎて、物を捨てられないことに過剰に罪悪感を覚えている人も多いような気がします。

ここ15年くらいで「ミニマリスト」と言われるような、すごく所有物が少ない人達が注目され、憧れられるようになり、「とにかく物を減らすのが正義」「ミニマリストを目指すべき」と思っている人も増えました。

私はミニマリストを否定するつもりはないし、一つの価値観としてありだと思います。

ただ、極端に物を減らすことは、様々な場面で制限をする必要があるので、趣味のような感じで、楽しんでいける人なら、目指していってもいいのかもしれませんが、ミニマリストが正しいわけでも、ミニマリストを目指さないといけないわけでもないんですよね。

そして、捨てることが必ずしも正しいわけではないのです。

私のところへ相談に来てくれた方で、こんな人がいらっしゃいました。

「ちもさん、私、物が捨てられなくてずっと悩んでいるんです。そのことで、何十年と自分のことを責めてきました」とおっしゃっていました。

その方に、捨てられない物は何か聞いてみたら、とっても大切にされている趣味の物とのことでした。

収納する場所がないんですか？　と尋ねたら、その方の家は広く、子供が巣立って、空いてる部屋がいくつもあるそうです。なので、収納場所に困っているわけでもなさそうです。

「え？　そんなに大切な物なら、場所もあるし、捨てなくていいじゃないですか！」

私がそう言うと、その方は、「え!?　本当に捨てなくていいんですか!?　捨てないといけないと思っていました！　ありがとうございます！」と涙を流されました。

この方は、自分の思いや家の状況など何も考えず、ただ「捨てることが正しい」「捨てられないのはダメ」と思い込まれていたようです。

実は、片づけで悩まれている方で、同じように思われている方は結構いらっしゃいます。

また、こんな方もいらっしゃいました。

「私、ミニマリストの人の本を読んで、捨てたら幸せがやってくると思って、どんどん捨てていったんです。そうして、ふと気がついたら、殺風景な刑務所みたいな部屋になっていて……寂しくなって、心がギスギスしているんです」とおっしゃっていました。
この方は、捨てることで幸せが来ると信じて頑張ったそうですが、思っていたようにはならなかったようです。人によって、どんな部屋が心地よいか、ほっとするかは違うんですよね。物が極端に少ない生活やスッキリしすぎた空間にストレスを覚える人も多いです。捨てるのが全て正しいわけじゃないんです。

日本の住宅事情を考えると、収納にゆとりのある家の方が少ないと思うので、所有する物の量と家という器の大きさとバランスを見て、合わせていくことも、もちろん大切なんですが、なんでもかんでも捨てる必要はないんです。
自分が幸せに快適に暮らすためには、自分の気持ちも大切にしながら、調整していくことが大切です。

私は小さい頃から服が好きなので、服の所有量は一般的な人よりかなり多いと思います。服を選ぶ時にときめきを感じるので、服は私には特別に大切なジャンルだと思って多めでもオッケーにしています。

よく、「最低限のワードローブで着まわそう」なんて記事も見ますが、私にとっては服の量を最低限にするということは、とても寂しくて満たされない気持ちになるので、真似はしません。

一方、私は料理は好きではありません。調理グッズを見てもときめかないし、そもそも難しい器具を使う機会もありません。だから、調理グッズはかなり少ないです。そして、インテリアが好きなので、美しい食器などは本当は好きなんですが、できるだけ食洗機で洗いたいという気持ちがあるので、家事の負担を軽くすることを優先して、食器はときめく物よりは、ある程度気に入った飽きのこないシンプルな物で、食洗機に入れられる物を少なく所有する、ということに決めています。

あなたにとって大切なジャンルはなんですか。興味がないジャンルはなんですか。

全ての物を同列に考えて、ただ物を減らすべき、捨てるべきと考えていることで、あなたの心の奥の本音は、大切な物を奪われそうで怯《おび》えてしまっているかもしれません。だから、やりたくないと叫んでいるのかもしれませんよ。

ただ捨てなきゃ！　と思っていたり、捨てられない自分はダメだと思って焦っていたりするのなら、「私は本当はどうしたい？」と自分に聞いてみてください。

誰かの基準じゃなく、誰かの価値観じゃなく、自分の心が知っている本音に耳を傾けてみると、あなたにとって心地よい空間ができてきますよ。

5 脳は「捨てる」のが嫌い

魔法の言葉

「本日の『さすがにこれはいらんやろ～』を発表します！」

捨てるのが苦手な方で「時間をとって、いる物といらない物をちゃんと分けないと！」と思っておられる方は多いです。これも「完璧主義」が働いています。

私たちの脳は「迷い」や「決断」で疲労すると言いましたが、「捨てるか捨てないか」を迷ったり、決断したりすることは、とてもしんどいことだと覚えているので、「やりたくない（捨てたくない）！」と思うのが自然なのです。

あなたが怠け者なんじゃなくて、それは当たり前のことなんです。

片づけの得意な人は、この脳の特性を自然と理解していて無意識に「分割」し、こまめに動いているのです。

世の中の片づけ本には「片づけを一気にやろう」と書いている物も多く、もちろん一気にやってできる人はやったらいいと思います。でも私の講座に来てくれる人は、一気にやった経験が「片づけはしんどいもの」というイメージに結びついていたり、一気にやろうと思って、途中で疲れて挫折してしまったり、一気にやることが大変だから、ずっと先延ばしにしてしまったりする人がほとんどです。

ですから、私はむしろ一気にやらないことをおすすめします。「分割」して、中途半端にやるということを自分のために、どうか許可してあげてください。

じゃあ、どうやって「分割」するかというと、おすすめなのが「今捨てられる物を一つだけ捨てる」ということです。

捨てる物にはそれぞれ「難易度の違い」があります。例えば、思い出の物や好きな趣味の物、高かった物や家族の物などは、一般的にはかなり捨てにくい、難易度の高い物になります。一方、興味のない物、使いそうにない物、壊れている物などは、捨てやすいですよね。難易度の低めの物になります。

「時間をとって、いる物といらない物をちゃんと分けないと！」と言っている人の話を聞いていると、頭の中で、難易度の高い物も低い物も全て同列に考えている方が多い気がします。

「明らかにいる物」も「明らかにいらない物」も全て一緒くたに考えていて、「全部一から分ける時間をとらなきゃ！」とイメージしているんですね。そうなると、頭の中では、大量の物を仕分けするイメージになっています。

そんな大量の物を短期間に白黒はっきりつけないといけないと思うと、想像するだけでしんどいですよね。

ですから、私はまず「さすがにこれはいらんやろ〜（笑）」っていう、捨てても痛くも痒《かゆ》くもない物を見つけて、一つ捨てるということが効果的だと思っています。

難易度の低い物から、毎日少しずつでも捨てる行動の習慣が身についたら、部屋は確実に変わっていくんです。

片づけが苦手だからこそ、難易度が高い「ラスボス級」の物（思い出の物、高かった物、趣味の物、家族の物など）とは今は格闘しなくて大丈夫です。

「さすがにこれはいらんやろ～」を見つけるゲームをしていくだけ。

そうしているうちに、いつかはラスボスと戦える筋力が身についているはず！　と思ってみてください。

苦手でやりたくないことこそ、軽いイメージをつけるために「これはゲームなんだ」という気持ちでやっていくのがおすすめです。

そしてもしかしたら、いらないと思っていたのに、捨ててしまったことを後悔することがあるかもしれません。

でも、そんなことがあったとしても、しっかり自分の味方をしてあげてくださいね。だって、故意に失敗したわけじゃないですよね。チャレンジしたからこそ、失敗をしたんだから、「頑張ってチャレンジしたね」ってメンタルケアしてあげてください。

失敗を許すことが、チャレンジを続けられる条件になります。

さあ、自分を応援してあげるマインドで、脳が嫌わない楽勝の行動を見つけていきましょう。

その時におすすめなのがこの一言！

「本日の『さすがにこれはいらんやろ〜』を発表します！」

この言葉を言いながら、いらない物を探して、発表しちゃってくださいね。

そう。痛くも痒くもない物を一つ、気持ちよく楽しく手放してみてください。そして、できたら「やったー!!　私すごい!!」って大袈裟に喜んでくださいね。

脳を上手に調子に乗せられたら、またやりたくなりますからね。

6 収納を劇的に変える魔法の言葉

魔法の言葉

「ひんどとどうさ」

収納方法についてもお話ししておきましょう。

せっかく収納を頑張ろうと思って、収納グッズを買ったり、収納場所を決めたりしたのに、1週間もしないうちに、収納場所に戻すことができず、気がついたら全部、収納箱の外に出てしまっている。そんな経験を繰り返している人、多いですよね。

あとは、収納場所を決めてはみたものの、ここでよかったのかなぁ、なんて半信半疑でスッキリせず、ずっとしっくりこない気がしている、なんて人もいるかもしれません。

私もそうでした。

決めたはずの場所に戻せない自分を責めては呆れていましたが、私の「怠け癖」以外に原因があるんじゃないかと研究していった結果、納得いく答えに辿り着きました。

それは、収納に大事なポイントは「頻度《ひんど》」と「動作《どうさ》」ということです！

どういうことかというと、収納に戻す「頻度」の高い物（よく使う物）は、「動作」負担が軽い収納方法、収納場所を用意してあげるというルールを徹底するのです。

私達の部屋の中には、毎日のように使う物と、数ヶ月に一度しか使わない物があると思います。毎日使う物だと、毎日収納に戻すという「動作」が発生します。そういう物は簡単に取り出せるようにしましょう。

これを聞くと当たり前のことだと感じるかもしれませんが、「収納頑張ろう」と思うと、張り切って、結構面倒くさい収納方法を設定しちゃう人が多いんです。

例えば、「きれい」「ちゃんとしている」「無駄がない」というイメージで収納を作り真っ白の箱を並べて満足した結果、次の日には、中身が見えなくて、どこにしまえばいいのかわからない迷いが生じたり、取りにくい箱をよいしょ！　と取り出すのに嫌な感じがしていたりして、３日目には使わない収納になってしまうんです。

子どもが毎日持って帰ってくる学校からのお手紙を、見やすいようにきちんと分けて収納しようとポケットファイルを買ってみても、ファイルのどの場所に入れるのか迷いが生じたり、ファイルの重さに動作負担がかかったりして、３日後にはもう入れたくなくなって「とりあえずここに置いておこう」と先延ばししちゃう。

心当たりありませんか。

片づけが苦手な人は、収納する「頻度」の高い物を、できるだけ楽な「動作」で迷いなく収納できるようにしておくことが何より大切なんです。

そのためには「きれいに」「ちゃんと」という意識を少し緩める必要があります。

私は、使用「頻度」（戻す頻度）の高い物には、できるだけ軽い「ワンアクション」に近い収納を作ることを推奨しています。

ワンアクション収納とは、「迷いのない一つの軽い動作で戻せる収納」。

例えば、「トレーや箱に投げ入れる」これはワンアクション（一つの軽い動作）ですよね。我が家は子どもが小さい頃、一緒に片づけるために、大きな箱の中に投げ入れる収納を使っていました。わかりやすくて、繊細な動きが必要ないので、これだと子どもでも片づけることができます。1回だけの、できるだけ動作負担がかからないアクションでサッと気持ちよくしまえることがベストです。

書類はトレーのような収納が、投げ入れるだけなので動作負担の軽さとしては理想ですが、トレーを置いておく場所が作れない場合も多いので、立てておけるシンプルなクリアファイルをおすすめします。開く方を手前に向けておくと、開くために軽く片手を添えるくらいの動作で収納できます。

なので、これは〈①手を添える→②入れる〉なので、ワンアクションではなく動作の軽い2アクションになります（実際、ワンアクション収納はなかなか作れないので、動作の軽い2アクションも戻しやすい良い収納と言えます）。

我が家では、子どもが学校から持って帰ってくる書類で残しておきたいものはクリアファイルを使っています。アクション数を減らすために、クリアファイルの置き場所もとても重要です。

ファイルボックスなどに入れず、立てておける環境を探します。クリアファイルはファイルボックスに入れるときれいに見えますが、ほとんどのボックスには立ち上がりがあるので厄介です。ファイルボックスを棚に入れている場合は、クリアファイルを出す時にまっすぐあげると棚の天板に当たるので、取り出しにくく、ファイルボックス自体を棚から取り出さないといけないという動作負担が生じます。ファイルボックスには重さがあるので、かなり脳が嫌う負担になります。

なかなかワンアクションを実現するのは難しいかもしれません。ですが、収納する頻度の高い物は、できるだけ近づけられないかと知恵を絞ってみることが、楽ちん収納に繋がります。自分へのダメ出しに時間を使うよりも、いかに楽に簡単に収納できるかと考えることに時間を使ってみてください。

そして、棚の上にポンと荷物を置くのもワンアクションですが、ワンアクションでも収納に見えないと散らかった感じがしますよね。トレーやカゴを並べて、全てワンアクションにしても中の物が丸見えだと、スッキリとは見えにくいので、本当に収納の頻度が高い物だけ、ワンアクションに近い収納方法を意識してバランスを見ていくのがいいでしょう。

そして、2アクション3アクションでも、迷いや動作負担が軽い収納方法、収納場所なら使いやすいと思います。そういった方法も織り交ぜながら部屋全体の収納方法を考えてみてください。逆に、2アクションでもすごく負担のかかっている場合もあります。

重い扉を開ける、固い蓋を開ける、細かく分類するなどは、かなりの体の負担、脳の負担を伴うため、脳に拒まれやすいので注意してくださいね。

私は使用頻度（戻す頻度）に合わせた収納方法を実践したことで、驚くほど、楽に戻せるようになりました。でも、最初の頃は、そう思っていても、つい収納の考え方の軸が「きれい」「無駄なく」に引っ張られてしまいがちでした。

そこで収納を考える時は「頻度」と「動作」を意識するように「ひんどとどうさ、ひんどとどうさ、ひんどどどうさ、ひんどどどうさ、ひんどどどうさ、ひんどどどうさ……」と呪文のようにつぶやきながら考えることにしました。

そうすると、楽しく最適な場所や方法が見つかるので、あなたもぜひやってみてください。

7

収納は「自分軸」で考えるとうまくいく

魔法の言葉

「これくらいならやってあげてもよくってよ」

突然ですが、あなたの家の収納で一番、収納しやすい場所はどこですか？　使いやすいと思う場所はどこでしょうか？　家の中の作り付けの物入れも、収納の棚もどこも使い勝手は同じじゃないですよね。

逆に、すごく収納しにくい場所、使いにくい収納場所はどこでしょうか？

一般的なおうちなら、リビングにある物入れが場所的に便利で使いやすいかもしれませ

ん。一方、和室の押し入れに天袋がついているんだけど、もう長い間見ていないから、中に何が入っているかわからないなんて話もよく聞きます。高い場所というのは使いにくいですよね。

収納の使いやすさは、何を収納するかでも変わってきますが、よく過ごす場所の近くの収納や、目線からおへそくらいの高さの収納スペースが距離の負担や姿勢の負担がかからず、使いやすいことが多いです。

ですから、できるだけ使いやすい収納場所を使用頻度（戻す頻度）の高い物の収納場所に使いましょう。「戻してあげてもよくってよ」と思えるのがゴールです。

あ！ 突然「戻してあげてもよくってよ」

と女王様っぽい口調になってしまって、びっくりさせてしまったかもしれませんね（笑）。
実は私、片づけや収納には「女王様目線」ってとっても大切だと思っているんです。
「わたくしがやってあげてもよくってよ」って思えるくらいの状況を作ってあげると、脳が喜ぶんです。

大変な作業を誰もやりたくないのは、当たり前です。楽でチョロいからこそ「これくらいならやってあげてもよくってよ」なんて上から目線で言えるようになったら、成功する収納の完成です。

でも、「専業主婦なんだから大変な家事をして当たり前なんだ！」なんて思っていたり、「昔から女性は辛《つら》い仕事をするもんなんだ！」と自分自身が思っていて、無意識に大変な家事をしたり、使いにくい収納を作っているなんて場合もあるんです。

私は「女王様収納」を作ろう！　なんて生徒さんによく言いますが、そうすると「私は今まで『奴隷収納』を作っていたようです」なんてお声をいただきます。無意識でわざわざ戻しにくい収納を作っているってことが実はすごーく多いんですよね。

話を戻しますが、女王様が「やってあげてもよくってよ」と思う収納とはどういう収納だと思いますか。便利な場所にあって、簡単な動作でしまえる収納だと思いませんか。「ここにこれを戻すなら、やってあげてもよくってよ」と思えるような場所や方法を見つけてみてください。

そのポイントは、日々片づける物を、できるだけ簡単に収納することです。で、その簡単かつ便利な場所を、私は「ビバリーヒルズ」と呼んでいます（笑）。

イメージしてみてください。

地球は広くてたくさんの土地があるのに、誰も住まなくて、値段もつかないような場所もあれば、億万長者でもなかなか住めない、すごく高値がついている場所もあります。土地の価値は等しくはないんです。ビバリーヒルズも世界で1、2を争う価値が高いとされている場所です（『ビバリーヒルズ高校白書』で知っておられる方も多いですよね）。

実はあなたの家の中も同じです。収納も場所によって価値が違うのです。すごく使いやすい場所もあれば、不便な場所もありますよね。その格差を認識するために、ビバリーヒルズと名付けています。

家の中のビバリーヒルズに戻すのは、使用頻度の高い物です。

例えば、リビングから離れていて、すごく高い場所にある収納、そういったところは、1年に一度くらい使う物なら「戻してあげてもよくってよ」と思えるかもしれません。このように収納場所の優劣をしっかり意識していくと、部屋は変わっていきます。

また、収納方法によっても動作負担は変わります。

きっちり分けて、ポケットファイルにしまったり、密閉性の高い閉めるのに力が必要な物の中に入れたりすると、かなり動作負担がかかりますよね。世の中の収納グッズの多くは素敵だし、丁寧できっちりしまえるけど、動作負担がかかるものが多いように感じます。「ちゃんと」「きれいに」「わかりやすく」収納しなきゃと思えば思うほど、動作負担は増えていくものです。

使用頻度（戻す頻度）の高い物にそういった動作負担のある収納グッズを使うと、私だったら1日も使えなかったりするんですよね。

なので、使用頻度の高い物は、いかに楽な〝動作〟で収納できるかを最優先して考えます。

片づけが苦手な人は、優劣や強弱、好き嫌いなど差異をつけることを意識するのにブレーキがかかっている人が多いように感じます。

様々なことを好きや嫌いという自分の本音ベースで考え、「この動作はしんどい」「この動作は楽」など個人の感覚に目を向けることで、日々の行動の仕組みが変わってきますよ。

まずは手始めに、あなたの家のビバリーヒルズを見つけてそこを「贔屓《ひいき》」にしてみてください。ここは素晴らしい場所だから「特別視」しようと思ってみてください。

ビバリーヒルズを使用頻度の高い物で満たしていくと、とても快適な生活が待っています。

そして、私達は生きているので、日々変化し続けています。趣味やライフスタイルが変わるのは当たり前のことなので、使用頻度の高い物も変わっていって当然です。なので、ここだけは、今よく使う物が収納されているかなと時々チェックしておいてくださいね。

世間の、美しい真っ白な整然とした収納のイメージを取っ払い、自分にとって、この動作は大変なのか、どう感じているのか、どうだったらもっと楽だと感じるのか、やりたいと思えるのかを考える。

これって、自分基準で、自分という軸で考えるということなんですよね。自分軸で生きられると人生はとっても楽になります。ぜひ収納から「自分軸思考」の練習をしてみてください。

さあ、キメ顔でいきますよ！

「これくらいならやってあげてもよくってよ！　オホホホホ」

8

片づけは全部出さない方がいい

魔法の言葉

「中途半端は世界を救う」

よく色んな本に、まず全部出して必要な物と必要じゃない物とを分けたら、必要じゃない物は捨てて、必要な物だけ戻しましょう、というようなことが書いてあります。

これもできる人はやったらいいと思うんですが、私は、これではうまくいかなかったので、別の方法をお伝えしています。

私はこの方法でうまくいかない人が多い理由は、3つあると思っています。

1つ目は何度も言うように、一気にやるということが大変なイメージになって、動けない人がいる。

2つ目は全部出すことで、決断が多くなり、脳が疲労してしまうので、「分ける」「捨てる」部分で納得いく判断ができない。

この2つは今までの章でも話してきたことです。

そして、収納については、3つ目の難しい点があります。それは、「全部出して一気にやってしまうと、ちょうどいい収納場所や収納方法が考えられない」ということです。

これが致命的で、結局、使いにくい収納になってしまっているんです。

私もこれは何度も経験してきました。例えば、引っ越し先で段ボール箱の荷解きをして収納にしまう時、とにかくテトリスのように素早く収まりよく詰めるということを意識していました。「頻度と動作」という視点が全くないまま、使い勝手よりも、ただきれいにちゃんと収まりよくすることと、「時間内に終わらせたい！」という気持ちばかりがありました。

まだ収まるべき場所がないたくさんの物達は、視覚的に私にプレッシャーをかけてきて、

「この物の山を早くなんとかしないとダメだよ！」と、急《せ》き立ててくるようでした。

そうやって収めた物達は、もちろん、ちょうどいい場所には収まっていなかったので、次にしまう時には面倒になって、外に溢れていくのです。なんとか収納に戻してきた物も、負担がかかる収納のやり方だと、なんかしんどいなぁと思い続けることになり、引っ越してから何年も私を苦しめていたようです。

そこから、頻度と動作に注目して少しずつ、その物に相応しい収納場所と収納方法を見つけていったことで、外に出ている物がなくなり、あっという間に片づけができるようになりました。


ちなみに頻度と動作を考えて、その物に相応しい収納場所と収納方法を考えるのは、思考を使います。そして、そこには迷いや決断も生じます。

だから、脳科学的には1日に何個もするのは無理なんですよね。

私みたいに何年もこの方法をやっていて、生徒さんに教えるようになった今でも、1日に何個も考えるのは大変です。

だから、むしろ、中途半端に少しだけやるのがいいんです。気がついた時に1日1個でいい。今出ている物を手に取って、それをどこに収納するかだけに集中して考える方がうまく進みます。

方法としては、一つピックアップした物の、収納に戻す（入れる）頻度を考えます。通常は使用頻度＝収納に入れる頻度ですが、学校からのお手紙のように毎日どんどん収納していくけれど、出す（使う）ことが少ない物があります。その場合は収納に入れる頻度が高いかどうかに注目します。

収納に戻す頻度が高いなら、ビバリーヒルズや戻す人がよくいる場所、つまり、できるだけ戻しやすい場所に収納スペースが取れないかを考えます。

ちょうどいい場所があったら、頻度の高い物ほど楽な収納方法で収納することを考えます。そのちょうどいい場所に、他の物がある場合は、どちらがその場所に相応しいか考え、もし元々あった物は別の場所の方がいいと思ったなら、元あった物を押し出します。そして、次はその押し出した物の収納場所を探していきます。

これを少しずつ繰り返していくと、ちょうどいい収納ができます。

「押し出していったら、永遠に終わらないんじゃないの？」と思われるかもしれません。

次々、押し出しているうちに、捨ててもいいかなという物が出てきたり、今まで不便で使っていなかった収納スペースを活用できたりして、意外に早く終わりが来ることが多いです。

「収納決めを一つだけやる」が実はすごくいい仕事をしてくれるんです。

引き出しから全部出してやると思うと億劫に感じる人も多いと思いますが、一つだけなら気軽にできると思いませんか。

「そんな小さなことをしていたら永遠に終わらないわ！」なんて言わないでくださいね。何度も言うように、小さな一歩の仕組みが大事なんです。千里の道も一歩から。大きなことを成し遂げるために大事なのは小さな一歩の積み重ねです。

あと、収納を考えるのに意外に盲点なのが、引き出しの手前と奥とでは、動作負担が大きく変わってくるということです。

引き出しって、手前の方にしまってある物は、物によっては、数センチ引き出したら取れますよね。逆に奥行きの深い引き出しの奥の方に収納してある物は、引き出しをグーンと引かないと取れません。

引き出しが重ければ、大きな負担がかかったり、奥まで引いたら引き出しが抜けてしまわないかと嫌な感じがしたりしますよね。

これは引き出しを全部出して、一気に詰め込んでいた時には気づかなかったことです。同じ引き出しの中でも、使用頻度の高い物は手前に、頻度の低い物は奥に収納することで、使い勝手が良くなります。


私たちの脳は高機能なので、無意識で動作負担や迷いを感じていて、やらないということを選んでいます。収納も中途半端に一つだけ考えていくことで、作る時も使う時も負担を減らすことができますよ。


私は「なんでも中途半端がうまくいくよ」と生徒さんにお話しししています。そうすると、それを様々なところで実践されて、完璧主義を緩めて行動できるようになった方が、「すごく人生が楽になりました！」と言ってくださることがよくあるんです。

中には「中途半端で私の悩みは全て解決しました！　中途半端は世界を救う！」なんて

言ってくださった方もいます。みんなに嫌われている言葉が、たくさんの方を救う魔法の言葉になるなんて、面白いですよね。

あなたも、中途半端に軽い気持ちでやってみてください。

9 時間に追われている人は洗濯の仕組みに注目

魔法の言葉

「洗濯は選択するとめっちゃしんどい！」

洗濯物のお話は2章でもしましたが、重要なことなので、ここでもう少しお話ししたいと思います。

私たちの脳は迷って決断することで疲労するということは、何度もお話ししてきましたが、家事や準備の「迷い」が原因でスムーズにいかず毎日苦しくなっている人も多いようです。

あなたは、知っていますか？

家事や出かける準備の様々なことが、「決まりごと」になるだけで随分楽になるんです。

特に洗濯物に関することは、他の家事と比べても決断することが多いので人によっては他の家事ができなくなるくらい、しんどくなっていることもあります。

そんな方はぜひ、洗濯について迷わない仕組みを作って自己肯定感を上げてもらいたいと願っています。

洗濯物にまつわる迷いの例を挙げてみましょう。

■**洗うタイミング**

毎日必ず洗うことが決まっていると迷いがないのですが、洗濯物の量を見て決める場合は決断が生じます。朝起きたらすぐ洗濯機のスイッチを押すなど、洗濯機を回すタイミングが決まっている人も多いですが、日によって違ったり、決めていない場合は、迷い、決断の負担が出てきます。

■**洗濯物を分ける**

色物とそうではない物、デリケートな物とそうではない物など、分けて洗いたいと思う人で、その分ける時の迷いが負担になっている場合があります。

■**洗濯物を干すタイミング**

洗濯機が止まったらすぐ干すなど、決めている場合はいいのですが、そういうマイルールがない場合は、ここにも迷い、決断が生じます。

■**干すハンガーの量や種類**

ハンガーの量が足りなかったり、首元が伸びないように気を遣って干したり、どのハンガーを使おうかと迷ったりなど、干す時に心理的な負担を感じている人は意外に多いです。

■干す場所のパターン

晴れの日、雨の日などでどこに干すか場所がしっかり決まっている場合はいいのですが、高層マンションで風が強かったり、日当たりなどで、その日によって迷いながら考えていくことで大きな負担を抱えている方がいらっしゃいます。

■取り入れるタイミング

16時になったら、仕事から帰ったらなど、迷いなく行動している場合はいいのですが、決めていない場合や、乾いているかどうか様子を見ながら変えている場合などは負担が生じやすいです。

■取り入れる場所のパターン

日によってリビングに取り込んだり、和室に取り込んだり、ベランダがある部屋に置きっぱなしになっていたりと、取り入れる場所が違う場合は負担が生じやすいです。

■畳むタイミング

取り入れた洗濯物を畳む作業は、取り入れたらすぐ、食後すぐなど、タイミングが決まっていないことで他の急を要することに時間をとられて、先延ばしになりがちな人が多いです。今畳もう！　と毎日自分で決断することはかなりの負担がかかり、山になっている洗濯物に「やらないといけないことができていない」と視覚的なプレッシャーを感じている人も少なくありません。

■収納するタイミング

畳んだ洗濯物を積んだままの人も多いようです。タイミングを決めていないことで、積んだ洗濯物から家族が取っていくのが日常になっているケースもあります。そんな毎日に「またできなかったダメな私」と自己肯定感を下げる人が多いです。

■収納場所のパターン

収納場所が遠かったり、収納しにくかったり、収納場所が多かったり、どこに収納するかしっかりと決まっていなかったり、わかりにくかったりすると、大きな負担になって、無意識でやりたくないと思っている場合があります。

心当たりないですか？

すでに仕組み化できている方にとっては、「決まっていない人がいるの？」なんて驚かれるかもしれません。

たまたま親の習慣を見てそういうものだと自然に決まりごとを作ってきた人もいれば、たまたま今まで決めてこなかった人もいるのです。


一つの迷いだけでは、さほど負担にはならないと思いますが、いくつも重なると脳に負担がかかり、他の家事や仕事にも影響してしまうでしょう。

これらの生活の中の「当たり前」は、普段、話題にされることは少ないので、自分を苦しめていることに気づきにくい部分です。

これらをできるだけ迷わない「決まりごと」に設定していくことでびっくりするくらい、軽く動くことができ、自己肯定感も変わってきます。

心当たりのある人は、何か一つでも「迷わずこうする」と決まりごとを作ってみてください。

・洗濯は迷わず毎日する。
・2日に一度にする。
・寝る前に洗濯機のスイッチを押すことに決める。
・乾かなかったら迷わず乾燥機を使うことに決める。
・分けて洗わないといけない物はできるだけ着ないことに決める。

など、自分でできそうだと思ったことから始めてみてください。

「迷わずこうする」が増えていくと、脳のキャパを別のことに使っていくことができます。
生徒さんは片づけや洗濯物のことをずっと考える毎日から解放され、好きなことを将来仕事にするために思考を使ったり、趣味を極めることに思考を使ったりされています。
脳の使い方が変わると、人生が驚くくらい変わりますよ。

私も、独身時代は日々迷いだらけで、着ていく洋服に散々迷い、いつも汗だくで待ち合わせ場所に大幅に遅れて現れて「遅刻王」と言われたこともありました。でも今は朝、掃除や片づけを済ませ、待ち合わせ場所に余裕で着いて、近くのカフェで読書をしていたりするので「優雅で素敵ね」なんて言われたりしています。脳の使い方でキャラも変わりますよ（笑）。

まずは脳の使い方を変えるために「洗濯は選択するとめっちゃしんどい！」を合言葉に「決まりごと」を作っていきましょう。

10 部屋をパワースポットにする方法

魔法の言葉

「今日もありがとう私。お疲れさん♡」

最後に、あなたの部屋をパワースポットにするために大事なお話をしていきますね。まず、今から言うことをイメージしてみてください。

「もし、あなたが人から愛され大切にされ、夢を叶《かな》えていて、自信を持っている自分だったとしたら、どんな部屋に住んでいると思いますか。

今、そんな自分じゃないからわからない！　と言いたくなった方は、将来、なぜかうまくいって、そんな自分になれたとしたら、と想像してみてください。
そこには、何がありますか。あなたはどこでくつろいでいますか。物の量はどうですか。幸せそうなあなたは、その部屋でどんな服を着て、どんな表情をしていますか」
できれば、時間をとってゆっくり想像してみてください。

その部屋は、「素敵なあなた」に相応しいとあなたが想像したものです。

これまでの章で、セルフイメージが部屋に影響しているとお話ししましたが、「未来の素敵な自分」が住む部屋を想像してみると、「自分を大切にする癒しの空間」が思い浮かぶ人が多いです。

「今の自分」のセルフイメージで部屋のことを考えると、捨てる物も取り入れる物もさほど変わらないので、現状が変わらないのですが、「素敵な自分」「大切にされる自分」をイメージしてみると、選ぶ物も捨てる物も変わってきませんか。
それを先取りして「取捨選択」していくことで、そこにいるのが相応しい自分だと脳が勘違いして本当に素敵な自分、大切にされる自分になっていくことができるのです。

私もそうやって、先取りして行動したおかげで、本当にそんな自分になるという現実がやってきました。

そんな風にイメージをうまく活用することで、どんどん理想の自分になっていくことができるんです。ぜひ、素敵な自分が暮らす部屋のイメージで物を捨てたり、買ったりしてみてください。


そして、もう一つ、おすすめの方法があります。

それは「ニュー床の間」を作るということです。

「ニュー床の間」って聞いたことない、変な言葉、って思った人、その違和感、大事です（違和感は脳に残りやすいので、あえてスマートじゃない言葉にしています）。

部屋をパワースポットにするために「好きなものを飾ること」は、とても効果的だとお話ししました。そして、これは色んな本でもよく言われていることです。

でも、実際、行動できない人が多いのは、やはり「まだ片づけもできていないのに飾るなんて」「私には相応しくない」「スペースがもったいない」という心のブロックが影響しているのかもしれません。

飾ることは相応しくない。

飾らない方が当たり前。


私は、そんな思い込みを吹っ飛ばしたいと思うんです。

だってね、聞いてください。

実は、私達のおじいちゃんおばあちゃんの世代や、そのもっと前のご先祖様達は、みーんな当たり前に「飾ること」をやってきたんですよ。


あなたは「床の間」を知っていますよね。

以前は家の中に「床の間」を設けるのは当然だと考えられていました。５００年以上前からつい数十年前まで当たり前に続いてきた日本の文化です。

私達のご先祖様は「私が飾るなんて相応しくない！」なんて謙遜したりしなかったんです。むしろ「当たり前」のこと。

あのポカーンと空いた空間で、季節感を表現したり、好みを主張したりしていたんですよね。生活の中に当たり前に「ゆとりの癒しの空間」を設けていたんです。

最近は床の間を作られる家は随分減りました。親に言われて作ってみたものの、スペースがもったいない、無駄な空間だと物入れにリフォームされる家も増えています。

確かにそんな事情もわかります。

床の間は「和室の客間」に設けられることが多いですが、今は住宅も欧米化が進み、和室も客間も少なくなり、お客さんは洋室のリビングに通すというスタイルが一般的になりました。そんな中、和室の床の間というスタイルが合う家自体がなかなかないと思います。

でも、物が溢れ、情報が溢れ、とにかくたくさんの物やことが交錯する今の時代こそ、私達にとって癒しを与えるゆとりの空間が必要なんじゃないかと私は思うんです。

無駄をなくして、効率ばかり意識していくことにはいい面もありますが、心がギスギスして、寂しい感じがする人も多いと思います。

一見無駄と思うようなこと、効率が悪いことが私達の心に潤いやゆとりを与えてくれると思うんですよね。

私達には、そんな心の潤いを大切にするご先祖様達のスピリットが流れているはず！　だから、「私達に流れる床の間スピリットをカムバック!!」という感じで、自分を大切にするために今の私達に合う、飾りの空間を設けてあげませんか。

今の時代に合うニュー床の間はまず、ただ好きな物を飾るだけの空間を設けるだけでいいんです。ぜひ、何か一つからでも飾ってみてください。

さて、ここまで色々、お話ししましたが、「自分の部屋を本当にパワースポットになんてできるの？」なんて、まだ思われている方もいらっしゃるかもしれませんね。

最後にあなたの部屋をパワースポットにするために、一番大事なことをお話ししますね。

実は、振り返ってみると、足の踏み場もない、ベッドの上まで物で溢れて捜し物も見つからない、そんな部屋で過ごしてきた私が、家をパワースポットに変えられるようになったのは、片づけや人間関係など、色んなことがうまくできない自分を許して認めてあげたことがきっかけだったんですね。

自分にとって一番大きな存在は自分です。その自分が自分を嫌っていて、部屋にいる時間、自分に嫌な言葉ばかりかけていじめていたら、いくら高級な家具を買っても、好きな物を並べても、心地よく過ごせるわけがないんですよね。そうなると残念ながら、部屋がパワースポットになることもありません。

おうちでしっかりパワーを充電して、元気に外で活躍するには、不器用なりに一所懸命頑張ったり、悩みながらも必死で生きている自分に「ゆっくり休んでいいよ」「今日もお疲れさん」「いつもありがとう」って気持ちでいてあげることが、何より効果的なんじゃないでしょうか。そんな声をかけてもらえたら、安心して、ゆっくり心と体を休めることができて、片づけのパワーも湧いてくると思います。

試しに、「今日もお疲れさん～♡」と言って、自分の頭を撫《な》でて肩をハグハグしてみてください。ちょっと気持ちがふわっとなる感覚がありませんか？

パワーを得るのも、パワーを失くすのも、実はあなた次第なんですよね。

自分に厳しくしなきゃ！　と思ってきた。できない自分にはひどい言葉をかけていいと思ってきた。自分が我慢したらいいと、人のことばかり優先してきた。そんな方の心の奥にいるもう一人の自分は、ずっと泣いているかもしれませんよ。そんな自分が優しく笑って元気になった時、きっと、心も体も整うと同時に、片づけのやる気も湧いてきて、部屋はあなたの疲れを充電できるパワースポットに変わっていると思いますよ。

「今日もありがとう私。お疲れさん」

どうか毎日、自分に言ってあげてくださいね。

あなたがあなたのことを丸ごと認めたら、あなたの目の前には優しい世界が広がっていきます。そんな優しい空間で、あなたがほっこり微笑《ほほえ》んでいられるように、私は心から願っています。

おわりに

最後に改めて言います。

片づけが苦手でも「あなたは価値がある人」だということをどうか覚えておいてください。

「今、どんな状態であっても、あなたには価値があるんだよ」と、お一人お一人に伝えたいという気持ちで、この本を書きました。

私は物心ついた頃から「私ほどダメな人間はいない」「私の人生は終わっている」という言葉を自分の中でずっと繰り返していました。

忘れ物も多く、勉強もスポーツも苦手で、落ちこぼれな子供だったので、毎日怒られ、立たされ、どうしてみんなができることが私にはできないんだろうといつも思っていました。

何もかもうまくいかず、未来にも希望が持てない、暗闇の中にいるような毎日を送っていたんです。

それから、少しでも価値がある人間になろうと色んなことを努力してみましたが、いくら頑張っても、自分の「無価値感」は埋まりませんでした。

でも、ある日「〇〇ができない私は価値がない」と思っていることこそが思い込みだと気づいたんです。私の中で、衝撃が走りました!!

「〇〇ができるから価値がある人間だ」「△△ができないから価値がない人間だ」という思い込みが徐々に外れていくにつれて、苦手なことができるようになり、自分も人も好きになれて、人生がどんどん楽しくなっていきました。

あなたも片づけや他の何かができないことで、自分にダメ出しをして、いじめるんじゃなくて、どうか自分の味方になって、応援してあげてくださいね。

あなたが自分を認めて、自分に優しくなれたら、きっと周りにもあなたのパワーが波及し、優しい世界が広がっていくことでしょう。

最後になりましたが、私の思いに共感し、ご尽力くださった編集者の木田明理さん、そして幻冬舎のみなさまに心から感謝申し上げます。

また、講座の生徒さん達のおかげで、自分以外のたくさんの脳や心の仕組みに触れることができ、本書を完成させることができました。ともに成長する仲間でもある生徒さん達、いつもありがとうございます。

そして、この本を手に取ってくださったあなた。あなたと出会えたことに心から感謝しています。

他にも大事なことをお伝えしたかったのですが、ページ数の関係で残念ながらカットした「幻の原稿」と、私が講座でもお伝えしている「片づけに超大事なミラクルマインドセット」特別動画を無料プレゼントさせていただきますので、巻末のダウンロード案内から、ぜひ受け取ってくださいね。

あなたに素敵な未来が訪れますように、心よりお祈りしています。

感謝の気持ちを込めて

読者限定無料プレゼント

ここまで読んでいただき、ありがとうございました！
本書をもっと深く知って、
今後の毎日に活《い》かしていただくために
特別なプレゼントをご用意しました !!

1. 本書で残念ながらカットした **幻の原稿**（PDF）
2. 片づけに超大事！ 3つの **ミラクルマインドセット**（動画）

下記URLもしくは右の二次元コードからアクセスしてください。
https://55auto.biz/timo/touroku/present.htm

※特典は、インターネット上のみでの配信になります。また、特典の配布は、予告なく終了することがございます。予《あらかじ》めご了承ください。

おむら ちも

片づけ心理カウンセラー®／癒しのお片づけ®講座主宰／
株式会社ソルナクレイル代表取締役

1973年、京都市生まれ。同志社大学経済学部卒。大学卒業後、大手ハウスメーカーでインテリアコーディネーターとして働いた経験から得た豊富な住まいの知識と、心理カウンセラーの知識をもとに、「癒しのお片づけ講座」主宰をつとめる。心のことを解説したYouTubeチャンネルは1万4800人のチャンネル登録者に支持され、心のブロックを緩めてお部屋を整える仕組みを学ぶ「幸せに優しくなれる癒しのお片づけ11日間無料メール講座」は現在までに8000人以上が受講。また、長期講座の「癒しのお片づけ講座」には毎年、予約が殺到している。頑張ってもうまくいかず、自分にダメ出ししている女性の方に、幸せを感じながら自分らしく生きられるサポートをしている。

DIYした自宅のインテリアも多くの支持を得て、『LOVE! DIY! インテリア』の表紙を飾るなどインテリア雑誌を始め数々の誌面に掲載され、現在までに33冊を数える。また、インテリア紹介のポータルサイト、SNSなどで賞を受賞。インスタグラムでは「6700いいね！」を獲得。ピンタレストでは、世界中の方から1万件以上、画像を保存されるなど、多くのインテリアファンからも支持を得る。

参考文献

『性格は捨てられる』心屋仁之助（著） KADOKAWA刊

『コミックエッセイ 脳はなんで気持ちいいことをやめられないの？』中野信子（著）、ユカクマ（イラスト） アスコム刊

『スティーブ・ジョブズⅠ』ウォルター・アイザックソン（著）、井口耕二（翻訳） 講談社刊

不思議なくらい部屋が片づく魔法の言葉

2024年12月5日　第1刷発行

著　者　おむら ちも
発行人　見城 徹
編集人　福島広司
編集者　宮崎貴明

GENTOSHA

発行所　株式会社 幻冬舎
〒151-0051　東京都渋谷区千駄ヶ谷4-9-7

電話　03(5411)6211(編集)
03(5411)6222(営業)
公式HP:https://www.gentosha.co.jp/
印刷・製本所　株式会社 光邦

検印廃止

Printed in Japan
ISBN978-4-344-04383-1　C0011

この本に関するご意見・ご感想は、
下記アンケートフォームからお寄せください。
https://www.gentosha.co.jp/e/